2021-2022
9e édition

L'essentiel des INSTITUTIONS DE LA Ve RÉPUBLIQUE

Gilles Toulemonde

Gualino
un savoir-faire de Lextenso

LES CARRÉS

Cette collection de livres présente de manière synthétique, rigoureuse et pratique l'ensemble des connaissances que l'étudiant doit posséder sur le sujet traité. Elle couvre :

- le Droit et la Science Politique,
- les Sciences économiques,
- les Sciences de gestion,
- les concours de la Fonction publique.

Gilles Toulemonde est Maître de conférences (HDR) en droit public à l'Université de Lille.

Du même auteur, chez le même éditeur :

Collection « Carrés Rouge »

- L'essentiel des Principes fondamentaux de droit constitutionnel, Isabelle Thumerel et Gilles Toulemonde, 9e éd. 2021-2022.
- L'essentiel des Institutions de la Ve République, Gilles Toulemonde, 9e éd. 2021-2022.

Collection « Méthodo LMD - Exos LMD »

- Méthodo LMD Méthodes de travail pour réussir en droit constitutionnel, Isabelle Thumerel et Gilles Toulemonde (en collaboration avec P. Türk), 2e éd. 2014.
- Exos LMD Principes fondamentaux de droit constitutionnel, Isabelle Thumerel et Gilles Toulemonde (en collaboration avec P. Türk), 4e éd. 2016.
- Exos LMD Institutions de la Ve République, Isabelle Thumerel et Gilles Toulemonde (en collaboration avec P. Türk), 4e éd. 2016.

Collection « Annales corrigées et commentées »

- Droit constitutionnel, Dorothée Reignier, Gilles Toulemonde, 5e éd. 2021-2022.

1, Parvis de La Défense
92044 Paris La Défense Cedex
ISBN 978-2-297-13439-2

Suivez-nous sur www.gualino.fr

Contactez-nous **gualino@lextenso.fr**

PRÉSENTATION

Fruit d'une longue expérience pédagogique auprès des étudiants, cet ouvrage permet d'aller à l'essentiel des Institutions politiques de la Ve République.

Le général De Gaulle a indiqué, dans sa conférence de presse du 31 janvier 1964, « ***qu'une Constitution, c'est un esprit, des institutions, une pratique*** ». Par conséquent, ce livre ne se contente pas d'aborder le texte de la Constitution du 4 octobre 1958, il se réfère également à ***la pratique constitutionnelle*** et à ***la jurisprudence*** qui façonnent quotidiennement le droit constitutionnel. La pratique a donné son visage et ses modalités de fonctionnement si particulières à la Ve République, en raison notamment de l'apparition d'une « majorité présidentielle ». La jurisprudence, particulièrement depuis l'introduction dans notre droit positif de la « question prioritaire de constitutionnalité » fait évoluer notre droit et nos droits constitutionnels. En outre, cet ouvrage met en relation les mécanismes juridiques avec l'actualité politique afin que le lecteur puisse réaliser une lecture juridique de cette actualité.

Ainsi cet ouvrage présente-t-il l'ensemble des connaissances nécessaires à la compréhension du droit constitutionnel de la Ve République de façon claire et structurée :

- la 1re partie traite des ***caractères généraux*** de la Ve République. Elle aborde l'esprit, les évolutions et la nature profondément démocratique de la Ve République ;
- la 2e partie examine ***l'organisation des pouvoirs politiques*** : le président de la République, le gouvernement et le Parlement ;
- la 3e partie, fondamentale en démocratie, étudie les ***contre-pouvoirs*** : le Conseil constitutionnel, les juridictions ordinaires et les contre-pouvoirs non juridictionnels.

À la fois synthétique et complet, cet ouvrage est l'outil idéal de révision pour les étudiants en Droit, en Science politique, en Instituts d'Études Politiques ou en AES. Il l'est aussi pour les candidats aux concours de la fonction publique. Plus généralement, il s'adresse également aux citoyens soucieux de mieux connaître la façon dont fonctionnent nos institutions. Cette connaissance est fondamentale pour qui souhaite défendre ses droits constitutionnels et les exercer dans une société démocratique.

Cet ouvrage est aussi le complément de notre livre, dans la même collection, écrit en collaboration avec Isabelle Thumerel, portant sur les grandes notions du droit constitutionnel, les exemples étrangers et l'histoire constitutionnelle de la France (« *L'Essentiel des Principes fondamentaux de droit constitutionnel* », 9e éd., 2021-2022, Gualino-Lextenso coll. Les Carrés).

PLAN DE COURS

PARTIE 2
L'organisation du pouvoir sous la Vᵉ République

PARTIE 3
Les contre-pouvoirs sous la Ve République

PLAN DE COURS

Introduction

La genèse de la Ve République

À l'instar de ses devancières, la Constitution du 4 octobre 1958 qui fonde la Ve République est née d'une crise politique et institutionnelle aux conséquences graves. En revanche, le processus de création de la Constitution présente une certaine originalité.

1 La crise algérienne

Depuis le 1er novembre 1954, une guerre qui ne dit pas son nom sévit dans les départements français d'Algérie. Les gouvernements qui se succèdent ne parviennent pas à résoudre cette question. En 1958, la situation s'aggrave. Le 13 mai, des militaires, menés par les généraux Massu et Salan, créent un comité de salut public à Alger, véritable insurrection contre le gouvernement Pflimlin que l'Assemblée nationale investit tout de même le lendemain. Le jour suivant le général Salan fait acclamer le général De Gaulle à Alger. Le 15 mai, le général De Gaulle déclare : « Je me tiens prêt à assumer les pouvoirs de la République ».

Chaque jour qui passe fait apparaître la grande faiblesse du gouvernement. L'instabilité gouvernementale qui caractérise la IVe République (un gouvernement en moyenne tous les 7 mois) et la toute-puissance du Parlement, lui-même profondément divisé en de nombreuses factions, ne donnent aucune force à Pierre Pflimlin pour mettre fin à cette situation.

Le 24 mai, un comité de salut public est créé en Corse cette fois. Le président de la République, René Coty, obtient de Pflimlin qu'il démissionne, le 28 mai 1958, propose la présidence du Conseil « *au plus illustre des Français* », le général De Gaulle, et prévient qu'il démissionnera si les députés n'investissent pas le gouvernement De Gaulle.

Le 1er juin, le gouvernement est investi par l'Assemblée nationale conformément à l'article 45 de la Constitution de 1946, par 329 voix contre 224.

Le général De Gaulle met en place un gouvernement d'union nationale et négocie avec les partis représentés au Parlement le vote immédiat de deux lois datées du 3 juin 1958 donnant au gouvernement les moyens d'agir pour régler la question algérienne :

- une loi de pleins pouvoirs lui permettant d'exercer, en plus du pouvoir exécutif, le pouvoir législatif pendant 6 mois ;
- une loi constitutionnelle modifiant la procédure de révision de la Constitution de 1946.

2 La naissance de la Constitution de la Ve République

Ce qui devait n'être initialement qu'une simple révision de la Constitution est devenu une Constitution à part entière, résultat d'une procédure originale.

■ *Réviser la Constitution de 1946*

La volonté du général De Gaulle de changer de Constitution tout en agissant dans la légalité passe par la révision de la Constitution de 1946. Mais elle se heurte à une difficulté majeure : la procédure de révision organisée par l'article 90 est particulièrement longue.

Celui-ci dispose en effet : « La révision doit être décidée par une résolution adoptée à la majorité absolue des membres composant l'Assemblée nationale.

La résolution précise l'objet de la révision.

Elle est soumise, dans le délai minimum de trois mois, à une deuxième lecture, à laquelle l'on doit procéder dans les mêmes conditions qu'à la première, à moins que le Conseil de la République, saisi par l'Assemblée nationale, n'ait adopté à la majorité absolue la même résolution.

Après cette seconde lecture, l'Assemblée nationale élabore un projet de loi portant révision de la Constitution. Ce projet est soumis au Parlement et voté à la majorité et dans les mêmes formes prévues pour la loi ordinaire.

Il est soumis au référendum, sauf s'il a été adopté en seconde lecture par l'Assemblée nationale à la majorité des deux tiers ou s'il a été voté à la majorité des trois cinquièmes par chacune des deux assemblées ».

Ainsi, 3 mois minimum sont nécessaires simplement pour décider du principe de la révision. Près de la moitié de la durée de vie moyenne d'un gouvernement !

Pour éviter cet écueil, on découvre une résolution tendant à réviser la Constitution ayant été adoptée en 1re lecture par l'Assemblée nationale en 1955. Il est donc possible de la reprendre et de procéder immédiatement à la 2de lecture puisque, par définition, plus de 3 mois se sont écoulés entre les deux lectures. Ainsi est votée la loi constitutionnelle du 3 juin 1958 qui modifie la procédure de révision prévue à l'article 90 de la Constitution de 1946. Et c'est le gouvernement De Gaulle, investi le 1er juin 1958, qui est chargé de cette révision. Cependant, malgré la procédure utilisée, en 1958, il est clair que De Gaulle veut changer de Constitution. Cette loi constitutionnelle impose le respect de règles de forme et de fond.

La loi constitutionnelle du 3 juin 1958

Les ***conditions de forme*** imposées par l'Assemblée nationale au gouvernement De Gaulle pour accomplir sa mission sont peu contraignantes et permettent surtout de garantir le caractère démocratique du processus de révision. L'originalité tient à ce que ***le projet de loi constitutionnelle*** élaboré par le gouvernement ***doive impérativement mettre en œuvre 5 principes énoncés par la loi constitutionnelle du 3 juin 1958***. Ces conditions sont les suivantes :

5 conditions de forme	5 conditions de fond
1°) Le gouvernement élabore un ***projet de loi constitutionnelle***. 2°) Ce projet est ***soumis pour avis au Comité consultatif constitutionnel*** (composé aux 2/3 par des membres nommés par les commissions des assemblées parlementaires, le 1/3 restant étant composé de personnalités choisies par le gouvernement). 3°) Une fois cet avis recueilli, le texte du projet est ***transmis pour avis au Conseil d'État***. 4°) Le projet est ensuite ***définitivement arrêté en Conseil des ministres***. 5°) Il est, enfin, ***soumis au référendum pour approbation*** avant que le Président ne le ***promulgue dans les 8 jours de son adoption***.	1°) « Seul le ***suffrage universel*** est la ***source du pouvoir***. C'est du suffrage universel ou des instances élues par lui que dérivent le pouvoir législatif et le pouvoir exécutif ». 2°) « Le ***pouvoir exécutif*** et le ***pouvoir législatif*** doivent être ***effectivement séparés*** de façon que le gouvernement et le Parlement assument chacun pour sa part et sous sa responsabilité la plénitude de ses attributions ». 3°) « Le ***gouvernement*** doit être ***responsable devant le Parlement*** ». 4°) « L'***autorité judiciaire*** doit demeurer ***indépendante*** pour être à même d'assurer le respect des libertés essentielles telles qu'elles sont définies par le préambule de la Constitution de 1946 et par la Déclaration des droits de l'Homme à laquelle elle se réfère ». 5°) « La Constitution doit permettre d'***organiser les rapports*** de la République ***avec les peuples*** qui lui sont ***associés*** ».

Finalement, ce processus devait faire émerger une révision de la Constitution de 1946. Mais la volonté du général De Gaulle, la façon dont le gouvernement a fonctionné et l'ampleur des modifications apportées ont abouti à la mise en place d'une nouvelle Constitution pour une nouvelle République, la Vᵉ.

■ *La mise en place de la Ve République*

Le gouvernement a vite élaboré un projet de loi constitutionnelle sous l'égide de Michel Debré, garde des Sceaux, et guidé par les idées du général De Gaulle.

Le Comité consultatif constitutionnel, présidé par Paul Reynaud, a pu examiner ce projet durant les 3 premières semaines d'août avant que l'assemblée générale du Conseil d'État ne puisse à son tour s'en saisir pour avis. Le discours devant le Conseil d'État de Michel Debré, le 27 août 1958, est une véritable explication de texte de la nouvelle Constitution.

Le projet est ensuite délibéré en conseil des ministres et le général De Gaulle le présente à la population dans un discours de la « *place de la République* » le 4 septembre 1958.

Le référendum est organisé le 28 septembre. Les résultats sont sans aucune équivoque (contrairement à ceux du référendum du 13 octobre 1946 d'adoption de la Constitution de la IVe République) puisque ***les Français l'approuvent à plus de 80 % des suffrages exprimés***.

Le président de la République, René Coty, promulgue cette nouvelle Constitution le 4 octobre 1958 et elle est publiée dès le lendemain au *Journal officiel*.

En vertu des articles 91 et 92 de cette nouvelle Constitution, le conseil des ministres est habilité à prendre, durant 4 mois, les « mesures législatives nécessaires à la mise en place des institutions et, jusqu'à cette mise en place, au fonctionnement des pouvoirs publics », ce qu'il ne va pas manquer de faire (par ex. : ordonnance organique du 7 novembre 1958 relative au Conseil constitutionnel, ordonnance du 17 novembre 1958 relative aux assemblées parlementaires...).

PARTIE 1

Les caractères généraux de la Ve République

Chapitre 1

L'esprit de la Ve République

La volonté de Michel Debré et des constituants est d'établir un régime parlementaire mieux équilibré que ceux des IIIe et IVe Républiques. Pour y parvenir l'Exécutif est profondément renforcé et le Parlement subit une dévalorisation du fait de la rationalisation du parlementarisme et de l'abaissement de la loi.

1 Le rétablissement du régime parlementaire

Dans son discours fondateur devant le Conseil d'État, le 27 août 1958, Michel Debré clame : « le gouvernement a voulu rénover le régime parlementaire. Je serai même tenté de dire qu'il veut l'établir, car pour de nombreuses raisons la République n'a jamais réussi à l'instaurer ».

Après avoir dénoncé les dangers des régimes conventionnel et présidentiel, il ajoute : « Pas de régime conventionnel, pas de régime présidentiel ***la voie devant nous est étroite, c'est celle du régime parlementaire***. À la confusion des pouvoirs dans une seule assemblée, à la stricte séparation des pouvoirs avec priorité au chef de l'État, il convient de préférer la collaboration des pouvoirs ».

Ainsi, les constituants restent bien dans le cadre tracé par la loi constitutionnelle du 3 juin 1958 : un régime mettant en place la séparation des pouvoirs mais dans lequel le gouvernement est responsable devant le Parlement.

Mais, la volonté de Debré et de De Gaulle est de ***rénover ce régime parlementaire afin d'en assurer un nouvel équilibre*** pour ne pas revivre l'instabilité gouvernementale des Républiques précédentes.

2 Le renforcement indéniable de l'Exécutif

Dès le ***discours de Bayeux***, le 16 juin 1946, le général De Gaulle a fait connaître son opinion sur le rôle d'un chef d'État et sur celui de l'Exécutif dans son ensemble. Il y indique que l'expérience exige « qu'au-dessus des contingences politiques soit établi un arbitrage national qui fasse valoir la continuité au milieu des combinaisons ». ***C'est au président de la République qu'il convient de confier ce rôle d'arbitre*** et pour cela il doit être « élu par un collège qui englobe le Parlement mais beaucoup plus large ».

C'est du Président « que doit procéder le pouvoir exécutif ». « Au chef de l'État la charge d'accorder l'intérêt général quant au choix des hommes avec l'orientation qui se dégage du Parlement. À lui la mission de nommer les ministres et, d'abord, bien entendu, le Premier, qui devra diriger la politique et le travail du gouvernement ». Ainsi, le gouvernement serait-il libéré du joug des partis politiques représentés au Parlement qui pesait sur lui sous les IIIe et IVe Républiques.

Enfin, cette restauration de l'Exécutif passe par de nouvelles attributions pour le président de la République : « au chef de l'État la fonction de promulguer les lois et de prendre les décrets [...]. À lui la tâche de présider les Conseils du gouvernement et d'y exercer cette influence de la continuité dont une nation ne se passe pas. À lui l'attribution de servir d'arbitre au-dessus des contingences politiques, soit normalement par le conseil, soit, dans les moments de grave confusion, en invitant le pays à faire connaître par des élections sa décision souveraine. À lui, s'il devait arriver que la patrie fût en péril, le devoir d'être le garant de l'indépendance nationale et des traités conclus par la France ».

Ces idées émises douze ans plus tôt ont profondément inspiré les constituants de 1958. En témoignent les propos du général De Gaulle lors de son discours place de la République, le 4 septembre 1958, dans lequel il présente la Constitution :

« Que le pays puisse être effectivement dirigé par ceux qu'il mandate et leur accorde la confiance qui anime la légitimité. Qu'il existe, au-dessus des luttes politiques, un arbitre national, élu par les citoyens qui détiennent un mandat public, chargé d'assurer le fonctionnement régulier des institutions, ayant le droit de recourir au jugement du peuple souverain, répondant, en cas d'extrême péril, de l'indépendance, de l'honneur, de l'intégrité de la France et du salut de la République. Qu'il existe un gouvernement qui soit fait pour gouverner, à qui on en laisse le temps et la possibilité, qui ne se détourne pas vers autre chose que sa tâche, et qui, par-là, mérite l'adhésion du pays. Qu'il existe un Parlement destiné à représenter la volonté politique de la nation, à voter les lois, à contrôler l'exécutif, sans prétendre sortir de son rôle. Que gouvernement et Parlement collaborent mais demeurent séparés quant à leurs responsabilités et qu'aucun membre de l'un ne puisse, en même temps, être membre de l'autre. Telle est la structure équilibrée que doit revêtir le pouvoir. Le reste dépendra des hommes ».

Ainsi était restauré le « pouvoir d'État » selon l'expression de Georges Burdeau.

3 La rationalisation du parlementarisme

Afin de restaurer l'Exécutif, il convient, en parallèle, de limiter la puissance du Parlement. ***Il est donc nécessaire de mettre fin, d'une part, à la souveraineté parlementaire et, d'autre part, à la versatilité des combinaisons partisanes qui animent le Parlement***.

Toutefois, les constituants ne peuvent compter sur l'existence de majorités solides qui, comme au Royaume-Uni, soutiennent indéfectiblement le gouvernement dans ses entreprises. La France ne connaît pas, en 1958, le fait majoritaire (v. Chapitre 2).

Par conséquent, pour atteindre ces buts, il s'agit d'employer les recettes du « *parlementarisme rationalisé* » (Boris Mirkine-Guetzévitch), c'est-à-dire ***appréhender par le droit les relations politiques entre les organes constitutionnels*** afin de stabiliser les institutions. Le parlementarisme rationalisé consiste, par exemple, à fixer des conditions de majorité qualifiée pour la mise en jeu de la responsabilité du gouvernement par le Parlement mais aussi à organiser de façon précise le déroulement de la procédure législative.

Afin de lutter contre l'instabilité gouvernementale des IIIe et IVe Républiques, ***les constituants de 1958 ont poussé très loin la rationalisation du parlementarisme***. Elle se manifeste par :

- une incompatibilité entre le mandat parlementaire et les fonctions gouvernementales (Const., art. 23) ;
- l'obligation du vote personnel des parlementaires (Const., art. 27) ;
- un strict régime des sessions parlementaires (Const., art. 28, 29 et 30) ;
- une limitation du domaine de la loi (Const., art. 34) ;
- la maîtrise gouvernementale de la procédure législative (Const., art. 39 à 45 et 48) ;
- une limitation du nombre des commissions parlementaires permanentes (Const., art. 43) ;
- une procédure budgétaire très contraignante pour le Parlement (Const., art. 47 et ord. org. n° 59-2, 2 janv. 1959) ;
- des conditions très strictes de mise en jeu de la responsabilité du gouvernement (Const., art. 49 et 50) tandis que la dissolution de l'Assemblée nationale est facilitée (Const., art. 12) ;
- la création du Conseil constitutionnel chargé de contrôler la constitutionnalité des règlements des assemblées et des lois votées par le Parlement (Const., art. 61) et de vérifier la régularité des élections parlementaires (Const., art. 59).

4 L'abaissement de la loi

Afin de limiter le pouvoir du Parlement, les constituants vont également actionner une autre méthode : limiter le pouvoir de la loi, norme juridique votée par le Parlement.

L'abaissement de la loi se traduit par la fin de son omnicompétence et par son repositionnement au sein de la hiérarchie des normes.

■ *La fin de l'omnicompétence de la loi*

Sous les Républiques précédentes, la loi pouvait intervenir dans n'importe quelle matière. De fait, des lois portaient sur des détails insignifiants. Ainsi, par exemple, la loi fixait-elle le nombre de chevaux dans les haras nationaux. Ce faisant le Parlement devenait en quelque sorte administrateur, le pouvoir exécutif étant dépourvu de tout moyen d'action.

Pour permettre au gouvernement d'exercer pleinement ses fonctions, il est donc jugé nécessaire, en 1958, de restreindre l'intervention de la loi à un certain nombre de matières strictement définies. ***L'article 34 de la Constitution détermine deux séries de matières que le Parlement peut régir***, celles pour lesquelles la loi « fixe les règles » et celles pour lesquelles elle « détermine les principes fondamentaux ». ***Hors de ces domaines, le législateur ne peut intervenir ; cela devient le rôle du gouvernement***.

Matières organisées par la loi		Matières organisées par le règlement
La loi « ***fixe les règles*** » concernant : les droits civiques et les garanties fondamentales accordées aux citoyens pour l'exercice des libertés publiques ; la détermination des crimes et délits ainsi que les peines qui leur sont applicables ; les garanties fondamentales accordées aux fonctionnaires civils et militaires de l'État...	La loi « ***détermine les principes fondamentaux*** » de : l'organisation générale de la défense nationale ; de la libre administration des collectivités territoriales ; de l'enseignement ; du droit du travail ; du droit syndical ; de la sécurité sociale...	« Les matières autres que celles qui sont du domaine de la loi ont un caractère réglementaire » (Const., art. 37).

Pour aller plus loin

Les listes de matières pour lesquelles la loi est compétente pour « fixer les règles » ou « déterminer les principes fondamentaux » peuvent être complétées par une loi organique (Const., art. 34, dernier al.). Ainsi la loi organique n° 2017-54 du 20 janvier 2017 précise que la loi fixe les règles concernant la création et les règles de fonctionnement des autorités administratives indépendantes. C'est la 1re fois que ces listes sont ainsi complétées de manière organique. Habituellement, elles le sont par une révision de l'art. 34 de la Constitution.

Le gouvernement dispose même de différents pouvoirs afin de prévenir (Const., art. 41) ou de corriger (Const., art. 37, al. 2) toute immixtion du Parlement dans le domaine réglementaire. Un Conseil constitutionnel est institué dont le rôle principal, à l'époque, est de faire respecter cette frontière entre loi et règlement.

■ *La soumission de la loi à des normes supérieures*

Sous les Républiques précédentes, l'absence de contrôle de constitutionnalité de la loi aboutissait, de fait, à la toute-puissance législative. Les constituants de 1946 avaient bien mis en place un Comité constitutionnel mais son rôle était réduit et son activité quasiment nulle.

En 1958, un Conseil constitutionnel est mis en place dont le rôle est, notamment, d'examiner la conformité à la Constitution des règlements des assemblées, des lois organiques et des lois ordinaires. ***En cas de contrariété avec la Constitution, le texte examiné ne peut être mis en application (règlements des assemblées) ou promulgué (lois)***.

Ainsi, comme l'a formulé plus tard le Conseil constitutionnel, la loi n'exprime-t-elle plus la volonté générale « que dans le respect de la Constitution » (*Cons. const., 23 août 1985, n° 85-197 DC, Évolution de la Nouvelle-Calédonie*).

Et comme la Constitution va, tout au long de la Ve République, être entendue comme un ensemble toujours plus important (Déclaration des droits de l'Homme et du citoyen de 1789, Préambule de 1946, Charte de l'environnement de 2004, principes de valeur constitutionnelle...) à partir de la décision fondatrice du Conseil constitutionnel du 16 juillet 1971, *Liberté d'association (n° 71-44 DC)*, ***la quantité de normes dont le respect s'impose au législateur ne va que croître***.

Les lois sont même repositionnées par les constituants à un rang inférieur aux conventions internationales. En effet, l'article 55 de la Constitution dispose : « Les traités ou accords régulièrement ratifiés ou approuvés ont, dès leur publication, une autorité supérieure à celle des lois, sous réserve, pour chaque accord ou traité, de son application par l'autre partie ». Même si des conditions sont exigées par cette disposition (ratification ou approbation régulière, publication, réciprocité), celle-ci soumet bien les lois au respect des conventions internationales.

Dès 1958, juges administratifs et judiciaires contrôlent, ainsi, que les lois sont bien compatibles avec les traités qui leur sont postérieurs. Mais il faut attendre 1975 pour que les juges, judiciaire, dans un 1er temps (*Cass. ch. mixte, 24 mai 1975, n° 73-13556, Société des cafés Jacques Vabre*), puis administratif, dans un 2nd (*CE, ass., 20 oct. 1989, n° 108243, Nicolo*), examinent si les lois sont également compatibles avec les textes internationaux et européens antérieurs.

Ainsi, les lois ne prennent-elles place dans la hiérarchie des normes qu'après la Constitution et après les conventions internationales et les normes européennes.

Chapitre 2

Les évolutions de la Ve République

La Constitution actuelle a considérablement évolué depuis 1958. Une quantité impressionnante de révisions est venue modifier le marbre constitutionnel. Mais ces révisions ne sont pas les seules à avoir entraîné des évolutions : la pratique des institutions, la construction européenne et la jurisprudence ont également contribué à cette mutation de la Ve République.

1 Les évolutions par les révisions constitutionnelles

La Ve République a connu 24 révisions constitutionnelles, mais toutes n'ont pas suivi la même procédure.

■ *Les procédures de révision de la Constitution*

La Constitution de 1958 a organisé une procédure principale de révision ainsi qu'une procédure particulière aux dispositions relatives à la Communauté. Cette dernière n'ayant guère survécu à la décolonisation, cette procédure, autrefois prévue à l'article 85 de la Constitution, a aujourd'hui disparu. Toutefois, la pratique a vu naître une autre façon de réviser la Constitution.

a) La procédure de l'article 89 de la Constitution

Unique disposition du Titre XVI de la Constitution intitulé : « *De la révision* », l'article 89 indique que ***la Constitution de 1958 est une Constitution rigide*** puisqu'une procédure est spécialement prévue pour la réviser. Cette procédure se découpe en trois phases.

1) La phase d'initiative

L'initiative de la révision peut provenir :

– ***soit du président de la République sur proposition du Premier ministre***. Dans ce cas, le ***projet de révision*** est signé de la main du Président et contresigné par le Premier ministre et par le ministre de la Justice (« *ministre responsable* ») ;

– ***soit d'un ou plusieurs parlementaires qui déposent une proposition de loi constitutionnelle.***

À ce jour, aucune des révisions adoptées ne provient d'une initiative parlementaire. Toutes ont été proposées par le président de la République. Mais toutes celles initiées par le Président n'ont pas été adoptées en raison du large pouvoir dont disposent les assemblées. Ainsi, aucun des projets de loi constitutionnelle déposés par F. Hollande et E. Macron n'a, pour l'instant, été adopté.

2) La phase d'adoption parlementaire

Le projet ou la proposition est ensuite examiné et voté dans les deux assemblées du Parlement. L'organisation de cette phase parlementaire est identique à la procédure législative ordinaire (v. Chapitre 6) à quelques exceptions près :

– d'une part, s'il s'agit d'un projet de révision, à l'issue de son examen en commission, c'est ***le texte du projet*** qui ***est délibéré en séance publique*** en 1re lecture devant la 1re assemblée saisie ***et non le texte issu des travaux de la commission*** (Const., art. 42) ;
– d'autre part, comme en vertu de l'article 89 de la Constitution le projet ou la proposition de révision doit être voté « ***en termes identiques*** » par l'Assemblée nationale et le Sénat, cela signifie que ***le gouvernement ne peut pas demander à l'Assemblée nationale de statuer seule*** en cas de désaccord avec le Sénat ; le bicamérisme est ici égalitaire ;
– enfin, l'emploi, par les constituants, du verbe « ***voter*** » dans l'article 89 indique que ***le Premier ministre ne peut faire usage de l'article 49 al. 3 de la Constitution***. Il ne peut pas engager la responsabilité du gouvernement devant l'Assemblée nationale sur un projet ou une proposition de révision sinon cela aboutirait à un consentement passif de l'Assemblée, sans vote.

Il en résulte que chacune des deux assemblées dispose d'un pouvoir de bloquer toute révision de la Constitution.

Lorsque les deux assemblées sont parvenues à voter un texte identique, celui-ci, qualifié de « ***petite loi*** », est transmis au président de la République qui peut engager la dernière phase.

3) La phase d'approbation

La révision sera définitive une fois approuvée :

– ***soit par le peuple, par la voie du référendum***. Dans ce cas, le référendum est convoqué par un décret du Président contresigné par le Premier ministre. Une seule révision a eu lieu de cette manière par le référendum du 24 septembre 2000 : la révision du 2 octobre 2000 relative au quinquennat présidentiel ;

– *soit par les parlementaires réunis en Congrès*. Tous les députés et les sénateurs sont alors réunis à Versailles et le Congrès doit approuver la révision à la ***majorité des 3/5e des suffrages exprimés***. 21 révisions ont eu lieu selon cette procédure.

Le choix du Président entre ces deux voies pour approuver une révision n'est pas totalement libre. En effet, d'une part, le Premier ministre et les ministres responsables ont à contresigner le décret procédant à ce choix. D'autre part, ***la procédure du Congrès n'est ouverte que dans l'hypothèse où le président de la République est à l'initiative de la révision***. S'il s'agit, à l'origine, d'une proposition de révision, la seule voie possible pour l'approuver est celle du référendum.

Ce choix n'est assorti d'aucune condition de délai. Même le renouvellement des assemblées ou le changement de Président ne rendent pas caduque une petite loi constitutionnelle adoptée par les deux chambres. Certaines révisions ne font jamais l'objet de la phase d'approbation, le Président jugeant inopportun de poursuivre la procédure, soit car il s'oppose à la révision, soit car il estime ne pas pouvoir réunir suffisamment de parlementaires ou de citoyens pour l'approuver.

Mais la révision constitutionnelle peut affecter n'importe quelle disposition de la Constitution, y compris celles essentielles contenues dans le Préambule (en 2005) ou dans l'article 1er (1992, 1999, 2003 et projet en cours). Seules quelques rares limites s'opposent à une révision.

Les limites au pouvoir de révision

S'il n'existe pas d'objet constitutionnel par nature (comme l'a rappelé le Conseil d'État dans son avis du 20 juin 2019, n° 397909 et 397910), ce qui signifie que le constituant peut choisir d'inscrire dans la Constitution ce qu'il souhaite, les constituants de 1958 ont, en revanche, posé des limites au pouvoir de révision de la Constitution. Ainsi, est-il interdit d'engager ou de poursuivre une procédure de révision :

– en période d'intérim du président de la République (Const., art. 7) ;

– lorsqu'il est porté atteinte à l'intégrité du territoire (Const., art. 89, al. 4) ;

– en période d'application de l'article 16 de la Constitution (*Cons. const., 2 sept. 1992, n° 92-312 DC, Maastricht II*) ;

– et, est interdite toute révision relative à « *la forme républicaine du gouvernement* ».

Cependant, la portée de ces limites semble mince. En effet, une fois la révision approuvée, celle-ci ne peut faire l'objet d'un contrôle de constitutionnalité (*Cons. const., 26 mars 2003, n° 2003-469 DC, Organisation décentralisée de la République*).

La procédure de l'art. 89, Const.

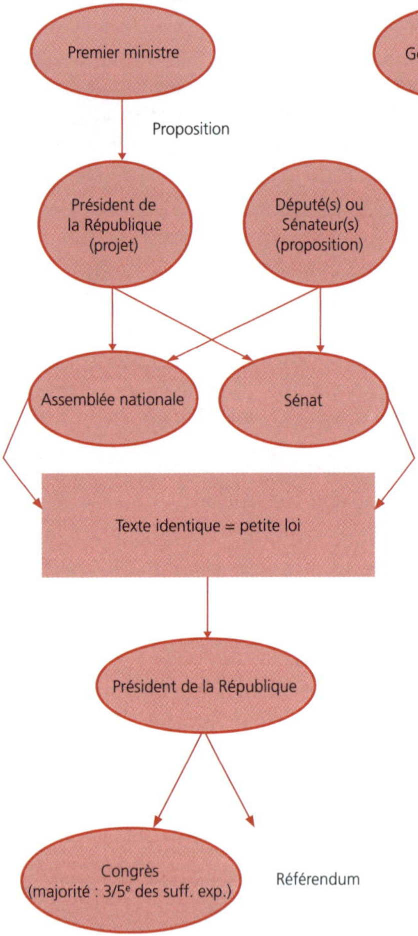

La procédure de l'art. 11, Const.

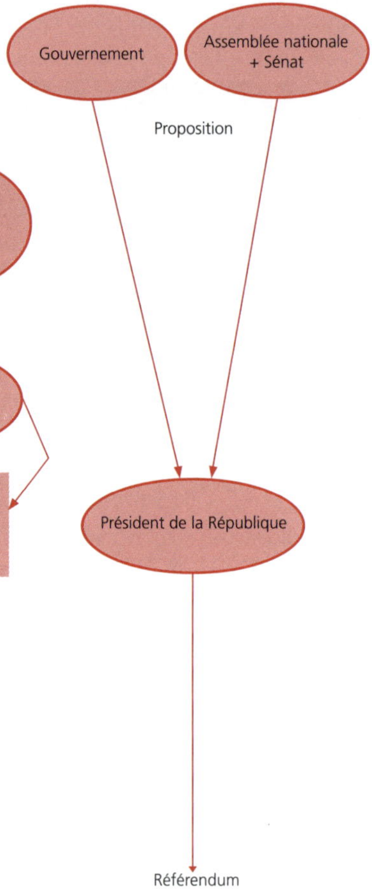

b) La procédure contestée de révision par la voie de l'article 11 de la Constitution

La faculté de blocage de toute révision dont disposent l'Assemblée nationale et le Sénat dans le cadre de la procédure de l'article 89 de la Constitution a amené le général De Gaulle à tenter de réviser la Constitution par le procédé du référendum prévu à l'article 11 de la Constitution.

Dans ce cas, l'ensemble de la procédure est maîtrisé par l'Exécutif, aucun vote parlementaire n'ayant à intervenir. Il est ainsi possible de contourner l'opposition d'une ou des assemblées à la révision envisagée.

C'est de cette manière que fut révisée la Constitution par la loi n° 62-1292 du 6 novembre 1962 consacrant l'élection du président de la République au suffrage universel direct (référendum du 28 octobre 1962). C'est également ce procédé qu'a utilisé Charles De Gaulle pour tenter de réformer le Sénat et organiser la régionalisation le 27 avril 1969 ; mais, cette fois, le peuple rejeta le projet par référendum. La constitutionnalité de cet usage de l'article 11 de la Constitution pour réviser la Constitution prête à discussion.

Arguments en faveur de la constitutionnalité	Arguments en faveur de l'inconstitutionnalité
L'article 3 de la Constitution qui traite de la souveraineté du peuple permet l'expression de celle-ci soit par les représentants, soit par le peuple. Or un pouvoir souverain est un pouvoir sans limites.	Il existe un Titre XVI dans la Constitution relatif à la révision de celle-ci. La procédure à suivre pour réviser est donc celle figurant dans ce titre, c'est-à-dire la procédure de l'article 89 de la Constitution.
L'article 11 de la Constitution permet d'organiser un référendum sur un projet de loi sans préciser si celui-ci est organique, constitutionnel ou autre. De plus, le projet peut être relatif à l'organisation des pouvoirs publics. Or, la Constitution traite bien de ce sujet.	L'article 11 de la Constitution interdit d'organiser un référendum sur un projet de loi autorisant la ratification d'un traité qui serait contraire à la Constitution. Il est donc impossible de porter atteinte à la Constitution via cette disposition. Or, toute révision, en soi, lui porte atteinte.
Le peuple souverain a validé l'usage de l'article 11 en adoptant à une très large majorité le projet de loi qui lui était soumis le 28 octobre 1962.	L'article 11 de la Constitution mentionne « l'organisation des pouvoirs publics » et non les « pouvoirs publics constitutionnels » comme le fait l'art. 16. Ce n'est donc pas identique.
	Réviser la Constitution par la voie de l'article 11, c'est finalement accepter l'idée que la Constitution n'est pas rigide mais souple.

Le Conseil constitutionnel a refusé de trancher cette délicate question (v. Chapitre 3). Il s'est déclaré incompétent pour apprécier la constitutionnalité des lois « adoptées par le Peuple à la suite d'un référendum, lesquelles constituent l'expression directe de la souveraineté nationale » (*Cons. const., 6 nov. 1962, n° 62-20 DC, Loi référendaire*).

Le Conseil d'État invite (avis n° 397908) le Conseil constitutionnel à user de son pouvoir de contrôler les actes administratifs préalables à un référendum (*Cons. const., 25 juill. 2000, 2000-21 REF, Hauchemaille*) pour examiner si la question posée est conforme aux dispositions de l'article 11 de la Constitution ; réviser la Constitution par la voie de l'article 11 deviendrait alors difficile.

■ *Les révisions de la Constitution*

Rares lors des premières années, les révisions sont devenues fréquentes depuis les années 1990. La Constitution de 1958 a connu 24 révisions. Leur objet a répondu à quatre objectifs principaux :

- permettre la ratification d'engagements internationaux ou européens (par ex. : révision du 25 juin 1992 pour ouvrir la voie à la ratification du traité de Maastricht) ;
- tirer les conséquences de la censure d'une loi par le Conseil constitutionnel dans une sorte de « lit de justice » selon l'expression de Georges Vedel (par ex. : révision du 25 novembre 1993) ;
- modifier des dispositions ayant causé des dysfonctionnements institutionnels (par ex. : révision du 30 décembre 1963) ;
- faire évoluer les institutions pour tenir compte d'évolutions sociétales ou pour modifier des équilibres (par ex. : révision du 23 juillet 2008).

Les 24 révisions de la Constitution de 1958

Loi constitutionnelle	Objet	Procédure suivie
n° 60-525, 4 juin 1960	Communauté	Art. 85
n° 62-1292, 6 nov. 1962	Élection du président de la République au suffrage universel direct	Art. 11
n° 63-1327, 30 déc. 1963	Sessions parlementaires	Art. 89 (Congrès)
n° 74-904, 29 oct. 1974	Saisine du Conseil constitutionnel	Art. 89 (Congrès)
n° 76-527, 18 juin 1976	Décès d'un candidat à l'élection présidentielle	Art. 89 (Congrès)
n° 92-554, 25 juin 1992	Traité de Maastricht	Art. 89 (Congrès)
n° 93-952, 27 juill. 1993	Cour de Justice de la République et CSM	Art. 89 (Congrès)

n° 93-1256, 25 nov. 1993	Droit d'asile	Art. 89 (Congrès)
n° 95-880, 4 août 1995	Session unique, immunité parlementaire, référendum	Art. 89 (Congrès)
n° 96-138, 22 févr. 1996	Lois de financement de la sécurité sociale	Art. 89 (Congrès)
n° 98-610, 20 juill. 1998	Nouvelle-Calédonie	Art. 89 (Congrès)
n° 99-49, 25 janv. 1999	Traité d'Amsterdam	Art. 89 (Congrès)
n° 99-568, 8 juill. 1999	Cour pénale internationale	Art. 89 (Congrès)
n° 99-569, 8 juill. 1999	Parité hommes femmes	Art. 89 (Congrès)
n° 2000-964, 2 oct. 2000	Quinquennat présidentiel	Art. 89 (Référendum)
n° 2003-267, 25 mars 2003	Mandat d'arrêt européen	Art. 89 (Congrès)
n° 2003-276, 28 mars 2003	Organisation décentralisée de la République	Art. 89 (Congrès)
n° 2005-204, 1er mars 2005	Traité établissant une Constitution pour l'Europe	Art. 89 (Congrès)
n° 2005-205, 1er mars 2005	Charte de l'environnement	Art. 89 (Congrès)
n° 2007-237, 23 févr. 2007	Corps électoral de la Nouvelle-Calédonie	Art. 89 (Congrès)
n° 2007-238, 23 févr. 2007	Responsabilité du président de la République	Art. 89 (Congrès)
n° 2007-239, 23 févr. 2007	Interdiction de la peine de mort	Art. 89 (Congrès)
n° 2008-103, 4 févr. 2008	Traité de Lisbonne	Art. 89 (Congrès)
n° 2008-724, 23 juill. 2008	Modernisation des institutions	Art. 89 (Congrès)

** Les éléments grisés figurent les cinq révisions réalisées pour permettre la ratification d'un traité européen.*

Pour aller plus loin

À la suite de la Convention citoyenne pour le climat, Emmanuel Macron a proposé de modifier l'article 1er de la Constitution pour y inscrire que la France « ***garantit*** la préservation de l'environnement et de la diversité biologique et ***lutte*** contre le dérèglement climatique ». L'Assemblée nationale a adopté ce projet le 16 mars 2021, mais le Sénat s'est montré hostile à l'utilisation de ces verbes d'action dont les conséquences pourraient être importantes et a préféré y substituer respectivement les verbes ***préserver*** et ***agir***. Début juillet 2021, le gouvernement a pris acte de l'impossibilité de trouver un compromis avec le Sénat et a renoncé à poursuivre la procédure de révision.

2 Les évolutions par la pratique

Différentes circonstances politiques ont bouleversé les équilibres initiaux de la Constitution remodelant, parfois de façon très importante, le visage de la Ve République.

■ *L'apparition du fait majoritaire*

Les IIIe et IVe Républiques ont été marquées par une instabilité gouvernementale forte dont l'une des causes était la fragmentation de la représentation politique au Parlement.

L'absence d'une majorité solide, cohérente, soutenant le gouvernement a poussé les constituants à rationaliser le parlementarisme afin de permettre au gouvernement de mener à bien sa politique malgré le soutien d'une majorité seulement relative.

Au début de la Ve République, l'Assemblée nationale était encore composée d'élus issus de multiples partis. Après les législatives de décembre 1958, l'Union pour la Nouvelle République (U.N.R.), le parti gaulliste, crée un groupe rassemblant à peine plus d'un tiers des députés.

Toutefois, les événements de l'automne 1962 vont permettre l'apparition du ***fait majoritaire***, c'est-à-dire la constitution de majorités solides, parfois absolues, parfois avec l'appui d'un petit parti allié, soutenant l'Exécutif dans sa totalité ou au moins le gouvernement.

L'annonce d'un référendum sur l'élection du président de la République au suffrage universel direct puis la motion de censure qui s'en suivra vont amener ***l'opinion publique à se bipolariser*** (l'alternative est réduite lors d'un référendum, comme lors d'un scrutin sur une motion de censure, à un choix entre voter « *oui* » ou « *non* »). Les élections législatives des 18 et 25 novembre 1962, consécutives à la dissolution de l'Assemblée nationale prononcée par le président de la République suite à l'adoption de la motion de censure, vont être l'occasion pour les électeurs de voter pour ou contre l'action de De Gaulle, confirmant ainsi cette bipolarisation.

Le résultat, c'est que l'U.N.R. peut constituer un groupe rassemblant, à lui seul, plus de 48 % des députés. L'adjonction des Républicains indépendants permet d'obtenir une majorité absolue et cohérente.

Par la suite, ce fait majoritaire a pu être entretenu et renouvelé grâce à divers facteurs :

- l'élection du président de la République qui n'autorise une compétition qu'entre deux candidats au 2nd tour ;
- le mode de scrutin majoritaire pour l'élection des députés ;
- l'abstention grandissante aux élections législatives qui permet de moins en moins à plus de deux candidats d'obtenir un score supérieur au seuil de 12,5 % d'électeurs inscrits nécessaire pour le maintien au 2nd tour.

« *Divine surprise* », ***le fait majoritaire rend moins nécessaire l'usage des procédés de rationalisation du parlementarisme et renforce considérablement le gouvernement*** dont la situation est assurée. Ainsi, la seule motion de censure adoptée sous la Ve République ne fut-elle adoptée qu'avant son apparition. Mais le fait majoritaire pourrait-il demeurer si, comme le souhaitent certains, la totalité ou une partie seulement des députés étaient élus à la proportionnelle ?

Le développement de la prépondérance présidentielle

La Constitution de 1958 a été taillée à la mesure du général De Gaulle, élu à la présidence de la République en décembre 1958. ***La personnalité du premier titulaire de cette fonction en a fait une fonction centrale de l'architecture constitutionnelle de la Ve République***. Michel Debré a parlé de la « clé de voûte du système ». La théorie du « *domaine réservé* » (v. Chapitre 4), l'autorité du Président sur ses ministres, son refus de se soumettre aux desiderata parlementaires ont immédiatement et profondément marqué la Ve République.

L'élection du président de la République au suffrage universel direct a renforcé cette évolution. Désormais élu par le peuple sur un programme, le Président entend réaliser celui-ci. On glisse alors d'un « *Président-arbitre* » à un « *Président-décideur* » ou « *capitaine* » (J. Massot).

Il devient même un « *Président-législateur* » lorsque la majorité parlementaire, désormais solide, coïncide avec les opinions politiques du chef de l'État. De sorte que l'on a pu qualifier la majorité de ***« majorité présidentielle »***. Cette situation, que l'on appelle ***« concordance des majorités »***, est la plus fréquente durant la Ve République. Elle est même renforcée par l'adoption du quinquennat présidentiel en 2000 et l'inversion du calendrier électoral en 2001.

En effet, la durée identique du mandat des députés et du Président et l'intervention de l'élection présidentielle quelques semaines avant les législatives aboutit, de façon générale, à ce que le peuple donne une majorité parlementaire au Président, lui permettant de mettre en œuvre son programme, voire de gouverner (effet d'entraînement de la victoire à la présidentielle). Le quinquennat institutionnalise la concordance des majorités.

Pour aller plus loin

L'existence d'une majorité présidentielle est un facteur déterminant du renforcement du Président. En régime parlementaire, « *l'élection reine* » (É. Balladur) est l'élection législative, en ce qu'elle permet de déterminer quelle sera la politique suivie par le gouvernement, lequel est responsable devant l'Assemblée nationale élue lors de ces élections. Mais l'évolution connue en France aboutit à minimiser l'importance de cette élection et à maximiser celle de la présidentielle. Les électeurs se détournent des élections législatives qui connaissent un fort taux d'abstention. Cet inquiétant phénomène indique, si ce n'est un renoncement, au moins la normalité de l'existence d'une majorité présidentielle dans l'esprit des électeurs.

Or, cette concordance des majorités aboutit à ce que les institutions autour du Président (gouvernement, Assemblée nationale) se mettent à son service. Le Président apparaît donc comme l'organe majeur de la Ve République ; il devient « ***l'interlocuteur quasi-exclusif de la société*** » (P. Avril). L'« ***hyperprésidence*** » de Nicolas Sarkozy s'inscrit ainsi parfaitement dans la pratique de la Ve République et encore plus dans la logique du quinquennat. Le Président « ***normal*** » (F. Hollande) et le Président « ***jupitérien*** » (E. Macron) n'y ont pas dérogé.

Dès lors, la doctrine ou la classe politique en arrive à imaginer toute sorte de qualificatifs pour caractériser ce régime parlementaire tout à fait singulier : Michel Debré évoque une « ***monarchie républicaine*** », Maurice Duverger un « ***régime semi-présidentiel*** », Jean Gicquel un « ***régime présidentialiste*** », Bernard Chantebout un « ***régime parlementaire moniste inversé*** » et Arnaud Haquet un « ***régime parlementaire à hégémonie présidentielle*** ». Ces différents qualificatifs manifestent la difficulté à qualifier le régime de la Ve République : il réunit tous les critères habituellement retenus pour caractériser un régime parlementaire ; mais la prépondérance présidentielle est si importante que même la désignation de régime parlementaire ***dualiste*** semble insuffisante à traduire la réalité de la Ve République.

■ La cohabitation

Un fonctionnement plus conforme aux régimes parlementaires classiques, qui placent en avant le Premier ministre adossé à sa majorité parlementaire, se retrouve en période de cohabitation.

La cohabitation (ou « ***coexistence institutionnelle*** ») ***consiste dans la victoire aux législatives du camp opposé au Président***. Elle s'oppose donc à la concordance des majorités. Dans ces conditions, le Premier ministre est choisi par le Président au sein de cette nouvelle majorité. Dès lors, l'Exécutif se trouve scindé en deux entre un président de la République et un Premier ministre appartenant à des groupements politiques opposés (lorsque le Président et le Premier ministre appartiennent à des partis distincts mais réunis au sein d'une même coalition, comme Valéry Giscard d'Estaing et Jacques Chirac en 1974-1976, il ne s'agit pas à proprement parler d'une cohabitation).

Cette situation institutionnelle permet au gouvernement de réellement déterminer et conduire la politique de la Nation comme en dispose l'article 20 de la Constitution. Le Président est réduit à respecter la sphère de compétences que la Constitution lui réserve ; il ne peut empiéter sur les pouvoirs des autres organes comme il le fait si aisément en période de concordance. Par conséquent, la cohabitation semble bien correspondre à la maxime de François Mitterrand : « la cohabitation, c'est la Constitution, rien que la Constitution, toute la Constitution ».

« Toute la Constitution », car chacun des organes va exploiter au maximum les compétences que lui attribue la Constitution. Chacun va exploiter sa faculté de statuer mais risque de trouver face à lui un blocage en raison de l'usage par un autre organe de sa faculté d'empêcher. Ainsi, François Mitterrand refusa-t-il de signer des ordonnances ou de nommer certains ministres qui lui étaient proposés par le Premier ministre. À l'inverse, Édouard Balladur refusa de contresigner un décret de grâce présidentielle.

La Ve République a connu trois périodes de cohabitation :

– ***1986-1988*** : la « ***cohabitation de combat*** » entre François Mitterrand et Jacques Chirac ;
– ***1993-1995*** : la « ***cohabitation de velours*** » entre François Mitterrand et Édouard Balladur ;
– ***1997-2002*** : la « ***cohabitation de législature*** » entre Jacques Chirac et Lionel Jospin.

3 Les évolutions liées à des structures infra ou supra étatiques

Le développement de l'Union européenne (UE) depuis les années 1950 et la décentralisation de nos institutions à partir de 1982 entraînent des modifications profondes de la Ve République.

■ Les évolutions par la participation à l'Union européenne

La construction progressive de l'UE a entraîné de nombreux bouleversements institutionnels dans les États membres. En France, un certain nombre de révisions constitutionnelles ont eu lieu en raison de la volonté de ratifier plusieurs traités européens.

En effet, aux termes de l'article 54 de la Constitution : « Si le Conseil constitutionnel, saisi par le président de la République, par le Premier ministre, par le président de l'une ou l'autre assemblée ou par soixante députés ou soixante sénateurs, a déclaré qu'un engagement international comporte une clause contraire à la Constitution, l'autorisation de ratifier ou d'approuver l'engagement international en cause ne peut intervenir qu'après révision de la Constitution ».

Or, dès 1992, le Conseil constitutionnel a affirmé, s'agissant du traité de Maastricht, que « l'autorisation de ratifier en vertu d'une loi le traité sur l'UE exige une révision constitutionnelle ». Cinq révisions ont eu lieu pour permettre la ratification d'un traité européen (v. tableau précédent, p. 30-31).

Ainsi, la Constitution dispose désormais d'un Titre XV intitulé : « *De l'Union européenne* », lequel prévoit, par exemple :

– que ***tout citoyen de l'UE*** résidant en France ***peut prendre part*** en qualité d'électeur ou de candidat ***aux élections municipales en France*** (Const., art. 88-3) ;

– une ***information du Parlement*** français ***sur « les projets d'actes législatifs européens*** et les autres projets ou propositions d'actes de l'UE » (Const., art. 88-4) ;

– que « chaque assemblée peut former un ***recours*** devant la Cour de Justice de l'UE contre un acte législatif européen ***pour violation du principe de subsidiarité*** » (Const., art. 88-6).

Surtout, l'article 88-1 prévoit le principe de la ***participation de la France au fonctionnement de l'UE***. Interprétant cet article, le Conseil constitutionnel a considéré que celui-ci, qui consacre l'existence d'un ordre juridique de l'UE intégré à l'ordre juridique interne et distinct de l'ordre juridique international, permet « à la France de participer à la création et au développement d'une organisation européenne permanente, dotée de la personnalité juridique et investie de pouvoirs de décision par l'effet de transferts de compétences consentis par les États ».

Dès lors, l'autorisation de ratifier de futurs engagements européens ne nécessitera une révision constitutionnelle préalable que si ces engagements « contiennent une clause contraire à la Constitution, remettent en cause les droits et libertés constitutionnellement garantis ou portent atteinte aux conditions essentielles d'exercice de la souveraineté nationale » (*Cons. const., 9 août 2012, n° 2012-653 DC*).

Cette jurisprudence explique également pourquoi le Conseil constitutionnel refuse d'apprécier la constitutionnalité des lois de transposition des directives et des règlements européens (cette transposition étant une obligation imposée par l'article 88-1 de la Constitution) sauf si elles vont à l'encontre « d'une règle ou d'un principe inhérent à l'identité constitutionnelle de la France » (*Cons. const., 27 juill. 2006, n° 2006-540 DC ; Cons. const., 12 juin 2018, n° 2018-765 DC*).

■ *Les évolutions des relations entre la République et ses composantes*

Après l'éphémère « Communauté française », censée maintenir un lien entre la République française et les peuples des anciennes colonies, c'est désormais avec ses composantes internes que la République entretient des rapports nouveaux.

L'article 1er al. 1 de la Constitution dispose : « La France est une République indivisible, laïque, démocratique et sociale. Elle assure l'égalité devant la loi de tous les citoyens sans distinction d'origine, de race ou de religion. Elle respecte toutes les croyances. Son organisation est décentralisée ».

Pourtant, l'indivisibilité de la République interroge au regard des libertés grandissantes offertes aux différentes entités locales de la République depuis 1982. La décentralisation inscrite dans l'article 1er de la Constitution par la révision du 28 mars 2003 permet aux collectivités territoriales d'adopter des actes réglementaires différents les unes des autres. Toutefois, elles doivent, dans l'exercice de ce pouvoir, respecter les lois de la République. Cela permet de préserver l'indivisibilité de la République, tout comme le fait que ces collectivités ne disposent pas de la compétence de leur compétence, c'est-à-dire de la souveraineté.

Néanmoins, ***l'indivisibilité signifie de moins en moins uniformité***. Entre le droit à l'expérimentation locale reconnu par l'article 72 de la Constitution et les possibilités d'adaptations législatives dont disposent les entités territoriales d'outre-mer régies par l'article 73 de la Constitution (les départements et régions d'outre-mer) et surtout par l'article 74 de la Constitution (les collectivités d'outre-mer), jusqu'à son article 75-1 qui reconnaît l'existence de langues régionales, cette indivisibilité semble fuyante. Elle pourrait même l'être davantage encore puisqu'il est envisagé par le Président Macron un droit à la différenciation entre collectivités territoriales relevant de la même catégorie.

Pour aller plus loin

Les collectivités territoriales peuvent encourager et promouvoir l'enseignement des langues régionales. Cependant, les particuliers ne peuvent se prévaloir du droit d'utiliser une autre langue que le français dans leurs relations avec les administrations et ces dernières ne peuvent imposer l'usage d'une autre langue aux particuliers. Ainsi, la mise en place d'un enseignement immersif en langue régionale, qui consiste à employer cette langue comme langue principale dans les communications au sein de l'établissement, viole-t-il l'article 2 de la Constitution selon lequel « la langue de la République est le français » (*Cons. const., 21 mai 2021, n° 2021-818 DC*).

Le paroxysme est atteint s'agissant de la Nouvelle-Calédonie : le Titre XIII de la Constitution constitutionnalise les accords de Nouméa qui ouvrent la voie vers l'indépendance de ce territoire et lui reconnaissent un statut d'exception. Au cours de deux référendums organisés les 4 novembre 2018 et 4 octobre 2020, le corps électoral de Nouvelle-Calédonie a décidé son maintien au sein de la République française, mais les accords de Nouméa prévoient qu'un 3e et, en principe, ultime référendum pourra être organisé le 12 décembre 2021.

4 Les évolutions par la jurisprudence

Si une partie de l'activité des organes constitutionnels échappe encore à un juge, permettant à la pratique politique de faire évoluer les institutions, de plus en plus de juges portent leur regard sur l'activité des organes de l'État, spécialement depuis la création du Conseil constitutionnel.

À l'origine cet organe n'avait qu'un rôle limité, mais il s'est considérablement émancipé depuis les années 1970. Trois événements ont généré cette mutation :

- la décision qu'il rend le 16 juillet 1971, n° 71-44 DC, *Liberté d'association*, par laquelle il devient le garant des droits et libertés des citoyens ;
- la révision constitutionnelle du 29 octobre 1974 qui ouvre sa saisine à 60 députés ou 60 sénateurs, ce qui fait de lui une voie de recours possible de l'opposition parlementaire contre la politique gouvernementale ;
- l'introduction par la révision du 23 juillet 2008 et la loi organique du 10 décembre 2009 de la question prioritaire de constitutionnalité qui permet au justiciable d'interroger la conformité d'une loi aux droits et libertés garantis par la Constitution.

La jurisprudence du Conseil constitutionnel est ainsi devenue plus abondante, ce qui a permis de découvrir de nombreux droits et libertés (principes fondamentaux reconnus par les lois de la République, principes de valeur constitutionnelle) ou de circonscrire les pouvoirs respectifs du gouvernement et du Parlement dans la procédure législative (jurisprudence relative au droit d'amendement par ex.) faisant ainsi évoluer le fonctionnement de la Ve République.

Chapitre 3

Une Ve République démocratique

La souveraineté proclamée dans la Constitution de 1958 apparaît originale. Elle est également moderne en ce sens qu'elle permet au peuple de s'exprimer tant par référendum que par ses représentants. En associant davantage le peuple souverain à l'exercice du pouvoir, la Constitution renforce la nature démocratique du système. Mais les citoyens veulent davantage participer à l'exercice du pouvoir, qu'ils réclament plus transparent et exemplaire.

1 La souveraineté

La nature mixte de la souveraineté proclamée par la Constitution de 1958 est d'une grande modernité dans la mesure où elle permet de rénover le concept de représentation.

■ *Une souveraineté hybride*

L'article 3, al. 1er de la Constitution peut surprendre. En effet, il dispose que « ***la souveraineté nationale appartient au peuple qui l'exerce par ses représentants et par la voie du référendum*** ». Ainsi, les deux théories de la souveraineté nationale et de la souveraineté populaire, traditionnellement opposées, semblent ici mélangées puisque, d'une part, la souveraineté est nationale mais elle appartient au peuple et non à la nation, et, d'autre part, les modalités d'exercice de celle-ci sont à la fois la représentation et l'expression directe, cette dernière étant une caractéristique de la souveraineté populaire.

Cette disposition, issue de l'article 3 de la Constitution du 27 octobre 1946, est le résultat logique d'une longue histoire tout au long de laquelle les Constitutions n'ont cessé de mêler des éléments des deux théories de la souveraineté.

■ De la représentation à la représentativité

Si à l'origine la théorie de la souveraineté nationale n'est pas démocratique, le xxe siècle a assuré sa compatibilité avec des exigences démocratiques : suffrage universel, mandats aux durées plus courtes... La proclamation d'une souveraineté hybride renforce encore cette évolution.

L'un des traits caractéristiques de cette évolution est le ***glissement d'un mandat purement représentatif à un mandat semi-représentatif***.

Certes, l'article 27 de la Constitution dispose que « ***tout mandat impératif est nul*** », assurant ainsi l'autonomie des élus par rapport à leurs électeurs. Toutefois, il serait illusoire de voir dans les mandats politiques de la Ve République des mandats « seulement » représentatifs. Ils ne sont pas des mandats impératifs en ce sens que les électeurs ne peuvent pas révoquer leurs élus en cours de mandat.

Néanmoins, le lien tissé entre les élus et les électeurs ne se résume plus au jour de l'élection comme pouvait le dénoncer Jean-Jacques Rousseau (« Le peuple anglais pense être libre ; il se trompe fort, il ne l'est que durant l'élection des membres du Parlement ; sitôt qu'ils sont élus, il est esclave, il n'est rien »). ***Le suffrage direct et le mode de scrutin uninominal*** utilisé pour l'élection du président de la République et des députés ***crée un lien direct entre eux et leurs électeurs*** au point que les députés se qualifient souvent d'élus de telle ou telle circonscription. Ils assument alors un rôle d'intercesseur entre les électeurs de la circonscription et le pouvoir politique ou administratif.

Le développement des sondages et autres enquêtes d'opinion n'a fait que renforcer cette évolution vers une conception semi-représentative du mandat des députés.

Dès lors, ***ce n'est plus tant la représentation du peuple qui est recherchée que la représentativité des élus***. Nombreuses sont les aspirations à ce que l'Assemblée nationale soit davantage représentative de la diversité de la population française : diversité politique, diversité sexuelle, diversité d'origines. La constitutionnalisation d'un ***objectif de parité*** entre les hommes et les femmes dans l'accès aux mandats électoraux et fonctions électives, à partir de 1999, traduit cette préoccupation. La proposition d'introduire soit la proportionnelle intégrale, soit une dose de proportionnelle dans le mode de scrutin pour les élections législatives en est une autre illustration.

La parité hommes-femmes aux élections politiques

Élection	Obligations pour respect de la parité	Sanction
Présidentielle	-	-
Législatives	Écart de 2 % maximum entre le nombre de candidats de chaque sexe présenté par chaque parti.	Sanction financière pour le parti : diminution de la première fraction de l'aide publique de 150 % (v. *infra*)
Sénatoriales	Si le département élit 1 ou 2 sénateurs : –	-
	Si le département élit au moins 3 sénateurs : stricte alternance sur la liste de candidats entre candidats de sexe différent.	Inéligibilité
Européennes, régionales et municipales (communes de 1 000 habitants et +)	Stricte alternance sur la liste de candidats entre candidats de sexe différent.	Inéligibilité
Départementales	Binôme de candidats de sexe différent.	Inéligibilité
Municipales (communes de – 1 000 habitants)	-	-

Cette évolution vers l'idée que les titulaires de hautes fonctions ou mandats se doivent d'être davantage représentatifs de la diversité française n'affecte d'ailleurs pas seulement l'Assemblée nationale puisque la composition gouvernementale ou le recrutement de nouveaux membres du Conseil constitutionnel sont également appréciés à cette aune, au moins par les médias.

Mais, l'introduction d'une dose de proportionnelle pour l'élection des députés et la réduction du nombre de députés, proposées par Emmanuel Macron en 2018 et 2019, aboutiraient à rendre l'élu plus distant de ses électeurs. Ainsi, paradoxalement, une plus grande représentativité des députés pourrait-elle nuire à la qualité de la représentation des électeurs par les élus.

■ *L'accroissement de l'universalité du suffrage*

L'article 3 alinéa 3 de la Constitution dispose que le suffrage « est toujours universel, égal et secret ». Et cette universalité est explicitée par l'alinéa suivant : « Sont électeurs, dans les conditions déterminées par la loi, tous les nationaux français majeurs des deux sexes, jouissant de leurs droits civils et politiques ».

Cette universalité est donc limitée par un certain nombre de conditions à remplir. Cependant, on peut observer un mouvement constant et progressif vers une plus grande universalité du suffrage au cours du xxe siècle : abaissement de l'âge électoral, reconnaissance du droit de vote des femmes et des militaires...

Ainsi, sous la Ve République, l'âge de la majorité a-t-il été abaissé à 18 ans (L. n° 74-631, 5 juill. 1974), et celui d'éligibilité a été fixé à 18 ans pour la présidentielle et les législatives et à 24 pour les sénatoriales (L. org. n° 2011-410, 14 avril 2011). Plus récemment, le législateur a même autorisé les majeurs sous tutelle à voter (L. n° 2019-222, 23 mars 2019).

2 Le référendum

Outil de démocratie semi-directe, le référendum est désormais organisé selon de nombreuses modalités dans la Constitution alors qu'il n'existait que sous trois formes aux débuts de la Ve République (Const., art. 11, 53 et 89).

Même si ces modalités semblent foisonnantes, la nature essentiellement représentative du régime n'est pas remise en cause puisque, d'une part, certains de ces procédés référendaires ne constituent que de simples consultations du peuple sans valeur décisionnelle, et, d'autre part, ces outils demeurent essentiellement aux mains d'organes institués et non aux mains du peuple lui-même.

■ *Les référendums nationaux*

a) Le référendum de l'article 89 de la Constitution

Il s'agit du ***référendum*** constituant c'est-à-dire celui ***ayant pour objet de réviser la Constitution***.

Initié par le président de la République à l'issue d'une procédure assez lourde (v. Chapitre 2), le référendum de l'article 89 de la Constitution n'a été utilisé qu'une seule fois sous la Ve République. Il a eu lieu le 24 septembre 2000 et portait sur l'abaissement de la durée du mandat présidentiel de 7 à 5 ans. Si le peuple a approuvé à 73 % des suffrages exprimés le quinquennat présidentiel, 7 électeurs sur 10 se sont abstenus et les bulletins blancs et nuls ont atteint le chiffre record de 16 % des votants.

b) Les référendums de l'article 11 de la Constitution

Le référendum législatif de l'article 11 de la Constitution constitue une dérogation au vote de la loi par le Parlement. Imaginée en 1958, cette procédure a été complétée, en 2008, par une démarche concurrente dont l'organisation diffère mais dont l'objet est semblable.

	Référendum « classique »	Référendum d'initiative partagée
Initiative		
Texte	Deux possibilités : - le *Gouvernement*, pendant la durée des sessions, adresse une demande au président de la République ; - les *deux assemblées votent conjointement* une motion tendant à demander au président de la République de soumettre un texte au référendum.	*Un cinquième des parlementaires* (calculé sur le nombre des sièges effectivement pourvus au Sénat et à l'Assemblée nationale) *soutenus par un dixième du corps électoral* (soit plus de 4,7 millions d'électeurs). En juillet 2021, 203 parlementaires ont signé une proposition de loi référendaire pour un service public hospitalier de qualité (le Conseil constitutionnel doit statuer début août sur sa recevabilité).
Pratique	Aucune motion référendaire n'a été votée conjointement. Tous les référendums de l'art. 11, Const. ont été formellement proposés par le Gouvernement. En réalité, souvent, la proposition gouvernementale a été sollicitée par le Président lui-même.	En avril 2019, 247 parlementaires ont déposé une proposition de loi en application de l'art. 11, Const. affirman-t le caractère de service public national de l'exploitation des aérodromes de Paris (ADP).
Procédure		
	Publication de la demande au *Journal officiel*. En cas d'initiative gouvernementale, une déclaration du Gouvernement suivie d'un débat doit être organisée au Parlement. Le président de la République décide de l'organisation d'un référendum par un décret non contresigné.	La constitutionnalité de la proposition des parlementaires est contrôlée par le Conseil constitutionnel. Ensuite est ouvert un délai de 9 mois pour recueillir les signatures des électeurs. Ces signatures sont vérifiées par le Conseil constitutionnel. Si la proposition est finalement jugée recevable, elle est transmise aux assemblées qui ont 6 mois pour se prononcer (L. org., n° 2013-1114, 6 déc. 2013). À défaut de vote de l'une ou les deux assemblées sur cette proposition dans ce délai, le Président doit la soumettre au référendum.

Objet sur lequel porte le référendum		
Nature du texte	Un projet de loi	Une proposition de loi
Champ	Trois objets possibles : - l'organisation des pouvoirs publics ; - les réformes de la politique économique, sociale et environnementale de la nation et les services publics qui y concourent ; - l'autorisation de ratifier un traité qui, sans être contraire à la Constitution, aurait des incidences sur le fonctionnement des institutions.	
Restrictions		La proposition ne peut avoir pour objet l'abrogation d'une disposition législative promulguée depuis moins d'un an.
Pratique	Dans la pratique, le projet de loi soumis au référendum s'est parfois éloigné des objets mentionnés à l'art. 11, Const.	Une proposition de RIP a été jugée recevable en mai 2019 concernant ADP. Le recueil des signatures a été ouvert à compter du 13 juin 2019. En mars 2020, le Conseil a constaté qu'à peine plus de 1 million de citoyens avait signé la proposition concernant ADP, ce qui a mis fin à la procédure (*Cons. const., 26 mars 2020, n° 2019-1-8 RIP*).

Les procédures de référendum prévues par l'article 11, Const.

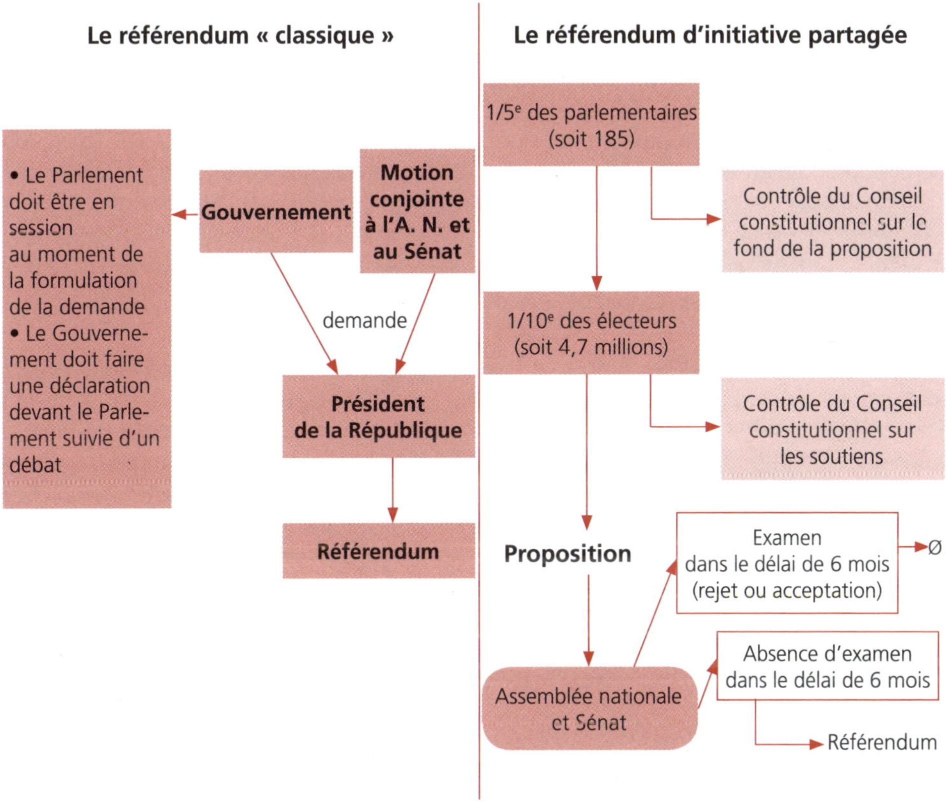

Le référendum d'initiative citoyenne

Le référendum d'initiative partagée (RIP) est donc un véritable parcours d'obstacle. La crise des Gilets jaunes a mis en évidence la réclamation par une certaine partie de l'opinion d'un référendum d'initiative citoyenne (RIC) particulièrement étendu : législatif, constituant, abrogatif et révocatoire. Si cette version du RIC peut susciter certaines craintes pour les droits fondamentaux et pour la stabilité des institutions, une solution pourrait être d'ouvrir davantage le RIP. Le Président Macron a proposé en août 2019 d'abaisser à 1/10e des parlementaires et 1 million d'électeurs les seuils prévus pour lancer une initiative de RIP en supprimant, qui plus est, la priorité des parlementaires (et d'insérer cette procédure dans un nouveau titre consacré à la « participation citoyenne »).

On pourrait aussi imaginer qu'une fois obtenu le nombre suffisant de parlementaires et de citoyens, la proposition de loi, plutôt que d'être adressée aux assemblées, soit directement soumise au référendum.

Cependant, il faudrait prendre garde à ne pas élever deux formes de légitimité et d'expression démocratique (la représentation et le référendum) l'une contre l'autre. Il faudrait donc entourer cette procédure de garanties à cette fin et pour éviter que cette procédure repensée ne devienne un outil d'obstruction systématique à la politique souhaitée par une majorité de députés. L'équilibre serait délicat à trouver, mais il serait nécessaire pour éviter que le Parlement français ne devienne, à l'instar du Congrès américain, un véritable cimetière législatif.

Les référendums de l'article 11 de la Constitution

Date	Objet	Résultat
8 janvier 1961	Politique algérienne	Oui (75 %)
8 avril 1962	Accords d'Évian	Oui (90,8 %)
28 octobre 1962	Élection du président de la République	Oui (62,3 %)
27 avril 1969	Sénat et régionalisation	Non (52,4 %)
23 avril 1972	Élargissement des Communautés européennes	Oui (68,3 %)
6 novembre 1988	Nouvelle-Calédonie	Oui (80 %)
20 septembre 1992	Traité de Maastricht	Oui (51 %)
29 mai 2005	Traité établissant une Constitution pour l'Europe	Non (54,7 %)

c) Le référendum de l'article 88-5 de la Constitution

Issue de la révision constitutionnelle du 1er mars 2005, cette disposition prévoit que « tout projet de loi autorisant la ratification d'un traité relatif à l'adhésion d'un État à l'Union européenne est soumis au référendum par le président de la République ».

Ainsi les Français peuvent-ils se prononcer sur d'éventuels futurs élargissements de l'Union européenne sauf si, par le vote d'une motion adoptée en termes identiques par chaque assemblée à la majorité des 3/5e, le Parlement autorise l'adoption du projet de loi selon la procédure du Congrès à la majorité des 3/5e des suffrages exprimés.

■ *Les référendums locaux*

En 1958, seul le référendum de l'article 53 de la Constitution est organisé. Des révisions ultérieures ont ajouté de nouveaux procédés.

a) Le référendum de l'article 53 de la Constitution

Selon cette disposition, « nulle cession, nul échange, nulle adjonction de territoire n'est valable sans le consentement des populations intéressées ». Il s'agit donc d'un référendum d'autodétermination.

Mais ***ce référendum n'a qu'une portée limitée puisqu'il n'a qu'une valeur consultative*** en cas de réponse positive. En revanche, une réponse négative interdit au Parlement de consentir à la variation du territoire. De plus n'y participent que les populations intéressées, lesquelles sont les populations vivant sur la partie du territoire strictement concernée par cette marche vers l'autodétermination.

Cette procédure a été utilisée, notamment, en Algérie le 1er juillet 1961 et aux Comores le 22 décembre 1974.

b) Les référendums de l'article 72-1 de la Constitution

Cet article prévoit deux procédures référendaires distinctes concernant les collectivités territoriales de métropole :

– *art. 72-1, al. 2, Const.* : il s'agit d'un référendum pouvant être organisé par l'organe délibérant d'une collectivité territoriale, à la demande de l'exécutif de celle-ci, sur un projet de délibération ou d'acte relevant de la compétence de cette collectivité. D'usage assez fréquent, ce référendum présente un caractère décisionnel. Toutefois, aux termes de la loi organique du 1er août 2003, le résultat ne dispose de cette force qu'à la condition que la moitié au moins des électeurs de la collectivité considérée ait effectivement participé au scrutin ;

– *art. 72-1, al. 3, Const.* : ici, il est possible d'organiser par la loi un référendum lorsqu'il est envisagé la création d'une collectivité territoriale à statut particulier ou de modifier son organisation. Cette simple consultation informe le législateur sur l'avis des électeurs à ce sujet.

c) Le référendum de l'article 72-4 de la Constitution

Cet article prévoit la ***possibilité pour le président de la République d'organiser un référendum de consultation sur l'organisation d'une collectivité territoriale d'outre-mer***. Dans ce cas, seules les populations de cette collectivité sont appelées à formuler leur avis. Cette consultation suit une procédure semblable à celle du référendum de l'article 11 de la Constitution puisque le président de la République doit être saisi d'une proposition émanant soit du gouvernement (pendant la durée des sessions), soit des deux assemblées conjointement.

C'est ainsi que les électeurs de Mayotte ont souhaité transformer ce territoire en un département par un référendum du 29 mars 2009.

L'article 73 de la Constitution prévoit que cette procédure consultative est également suivie lorsque la loi crée une collectivité se substituant à un département et une région d'outre-mer ou institue une assemblée délibérante unique pour ces deux collectivités (comme c'est le cas pour la Guyane et la Martinique).

d) Le référendum de l'article 76 de la Constitution

Cette disposition est spécifique à la Nouvelle-Calédonie. Elle précise que ***l'accord de Nouméa du 5 mai 1998 est soumis à l'approbation du corps électoral néo-calédonien*** (il a été approuvé le 8 novembre 1998 par 72 % des électeurs). Cet accord prévoit l'organisation d'un à trois scrutins sur l'autodétermination de la Nouvelle-Calédonie. Au 1er, le 4 novembre 2018, les électeurs concernés ont répondu NON à l'accession à la pleine souveraineté et à l'indépendance à 56,7 % ; au 2e, le 4 octobre 2020, la réponse fut identique à 53,3 %. L'accord de Nouméa prévoit qu'un 3e référendum sera organisé le 12 décembre 2021.

Pour aller plus loin

D'autres mécanismes que le référendum permettent aux citoyens de participer à la prise de décision par les organes institutionnels. Ainsi, est-il possible d'adresser des pétitions aux assemblées ; les assemblées ont réformé leurs règlements afin de rénover cette procédure et la rendre plus ouverte et efficiente, et elles ont installé une plateforme informatique pour recueillir et soutenir des pétitions. Une pétition (sur les modalités de versement de l'allocation adulte handicapé) a déjà recueilli plus de 100 000 signatures, si bien que la Conférence des présidents du Sénat en a décidé l'inscription à l'ordre du jour et une proposition de loi a été adoptée en mars 2021. De même les assemblées parlementaires organisent-elles fréquemment des consultations citoyennes sur internet au sujet des projets ou propositions dont elles sont saisies. Au niveau local, les consultations sur des projets d'aménagement sont légion, particulièrement en matière d'urbanisme ou d'environnement. De façon plus originale, il a été créé, à la demande du président de la République, une « convention citoyenne pour le climat » qui regroupait 150 citoyens tirés au sort chargés de proposer des mesures concrètes pour assurer la transition climatique qui ont ensuite servi à élaborer le projet de loi « Climat ».

3 Les élections

■ *Les partis politiques*

a) Le rôle des partis politiques

Dans une démocratie, les partis politiques jouent un rôle important : encadrement des mouvements d'opinion ; définition des options politiques qui permettent de rassembler les citoyens autour d'idées qui seront mises en œuvre en cas de victoire ; participation au débat démocratique suscitant l'intérêt des citoyens pour la chose publique... L'article 4 de la Constitution résume ce rôle en disposant que « les partis et groupements politiques concourent à l'expression du suffrage ».

Cette disposition leur reconnaît des droits :

- libertés de création et de fonctionnement (« Ils se forment et exercent leur activité librement ») ;
- libertés d'opinion et d'expression et droit à l'égalité (« La loi garantit les expressions pluralistes des opinions et la participation équitable des partis et groupements politiques à la vie démocratique de la Nation »).

Mais elle leur impose également quelques devoirs :

- respect de la démocratie et de ses exigences (« Ils doivent respecter les principes de la souveraineté nationale et de la démocratie ») ;
- participation à la mise en œuvre de l'objectif de parité.

b) Le financement des partis politiques

À la suite de différents scandales, une loi du 11 mars 1988, plusieurs fois modifiée, a organisé tant le financement privé des partis politiques que leur financement public. Il pèse de nombreuses contraintes techniques et juridiques sur les partis désireux de recevoir de tels fonds : comptabilité bien tenue, mandataire financier... Les comptes des partis sont contrôlés par la Commission nationale des comptes de campagnes et des financements politiques.

Financement privé des partis politiques	Financement public des partis politiques
Par les personnes morales (à l'exception des partis eux-mêmes) : ***interdit*** (depuis 1995). ***Par les personnes physiques*** : autorisé dans la limite de ***7 500 € par an*** (les personnes physiques peuvent choisir de répartir ce montant entre plusieurs partis mais sans dépasser au total 7 500 € de dons ; L. 11 oct. 2013).	***1re fraction de l'aide publique*** : chaque suffrage exprimé à l'intention d'un candidat lors des dernières élections législatives peut permettre d'obtenir annuellement une somme déterminée par décret sur la base d'un volume global d'aide publique prévue par la loi de finances (en 2021 : 1,64 € par suffrage). ***Conditions d'obtention*** : les candidats présentés par un parti doivent recueillir au moins 1 % des suffrages exprimés dans au moins 50 circonscriptions métropolitaines (les candidats des partis en outre-mer doivent obtenir au moins 1 % des suffrages exprimés dans toutes les circonscriptions où le parti en question présente des candidats). Si les partis présentent plus de candidats d'un sexe que de l'autre (écart supérieur à 2 %), cette aide est diminuée « d'un pourcentage égal à 150 % de cet écart rapporté au nombre total de ces candidats, sans que cette sanction puisse excéder le montant de la 1re fraction de l'aide publique » (L. n° 2014-873, 4 août 2014) → si un parti présente 65 % de candidats et seulement 35 % de candidates, l'écart est de 30 points : le montant de la 1re fraction d'aide est donc diminué de 45 % (c'est-à-dire 150 % de 30). ***2e fraction de l'aide publique*** : chaque parlementaire rattaché permet au parti d'obtenir un montant d'aide déterminé annuellement par décret (en 2021 : 37 199,71 € par parlementaire). ***Condition d'obtention*** : le parti doit remplir les conditions d'obtention de la 1re fraction de l'aide pour avoir droit à cette 2e.

L'aide publique aux partis politiques en 2021

Parti politique	1re fraction	2de fraction	Total
En Marche !	10 098 122,23	10 862 316,48	20 960 438,71
Les Républicains	3 922 429,71	9 188 329,35	13 110 759,06
Rassemblement national	4 880 579,55	297 597,71	5 178 177,26
La France insoumise	3 750 231,45	632 395,14	4 382 626,59
Parti socialiste	2 617 773,03	3 273 574,83	5 891 347,86
Mouvement démocrate	1 839 724,54	3 124 775,97	4 964 500,51

■ *Déontologie et transparence de la vie publique*

Depuis la fin des années 1980, des mesures ont été prises afin de renforcer l'exigence de moralité des acteurs politiques et, plus généralement, de la vie publique : lois sur le financement de la vie politique, sur les marchés publics, etc. Différentes affaires (*Cahuzac et Fillon* notamment) ont encore accru l'exigence de transparence de la vie publique. Moralité, déontologie et transparence constituent désormais de nouvelles exigences démocratiques auxquelles le droit positif a dû répondre, afin de tenter de restaurer le lien de confiance des citoyens dans les institutions et dans les élus (L., 11 oct. 2013 et 15 sept. 2017).

À titre principal on retiendra deux séries de règles :

- des ***règles de transparence*** : obligation pour nombre d'élus, de membres des cabinets et de fonctionnaires de réaliser une déclaration de situation patrimoniale et/ou une déclaration d'intérêts ; obligation de déclaration et encadrement de l'activité des représentants d'intérêts au Parlement (lobbyistes)... ;
- des ***règles de déontologie*** : interdiction pour un grand nombre de titulaires de fonctions exécutives, nationales ou locales, et pour les parlementaires de recruter certains membres de leur famille proche ; inéligibilité des personnes condamnées à des crimes ou délits portant atteinte à la probité ; restriction de la possibilité des parlementaires d'exercer une activité de conseil...

Parfois ces exigences se rejoignent. Ainsi en est-il de l'obligation pesant désormais sur les parlementaires de justifier de l'emploi de l'enveloppe forfaitaire de frais de mandats dont ils disposent. Cela assure à la fois une meilleure transparence et impose le respect de la déontologie.

Des institutions sont nées afin d'opérer différents contrôles du respect de ces obligations :

- la ***Haute autorité pour la transparence de la vie publique***, une autorité administrative indépendante dont le président (D. Migaud) est nommé par le président de la République selon la procédure de l'article 13 al. 5 de la Constitution (v. Chapitre 4). Elle comprend, en outre, 2 conseillers d'État, 2 conseillers à la Cour de cassation, 2 conseillers-maîtres à la Cour des comptes, 2 personnalités qualifiées nommées par le président du Sénat, 2 autres par le président de l'Assemblée nationale et 2 dernières par le gouvernement. Les avis critiques qu'elle émet sur les déclarations d'intérêts des parlementaires sont des décisions faisant grief qui peuvent être contestées devant le juge (*CE, 19 juill. 2019, n° 426389*) ;
- le ***Déontologue de l'Assemblée nationale*** (C. Pallez), nommé par le Bureau de celle-ci et le ***Comité de déontologie parlementaire du Sénat***, composé d'un sénateur de chaque groupe politique du Sénat.

■ L'organisation des scrutins

a) Le financement des campagnes électorales

Au même titre que les partis politiques, les campagnes électorales répondent à de strictes conditions de financement dont le but est à la fois d'assurer une plus grande transparence des financements et une meilleure égalité entre les candidats. Là encore de nombreuses obligations pèsent sur les candidats.

Type d'élections	Plafond de dépenses	Modalités de financement public	Sanction en cas d'irrespect du plafond
Élection présidentielle	16,851 millions (22,509 millions pour les deux candidats présents au second tour)	Tous les candidats : remboursement de 4,75 % du plafond. Candidats ayant recueilli plus de 5 % des suffrages exprimés lors du 1er tour : remboursement de 47,5 % du plafond. 200 000 € d'avance versés à tous les candidats.	Le Conseil constitutionnel, saisi en appel de la décision de la Commission nationale des comptes de campagne et des financements politiques (CNCCFP), peut priver du financement public le candidat incriminé et le contraindre à verser au Trésor public une somme correspondant au montant du dépassement (ex. : décision du *Cons. const., 4 juill. 2013, n° 2013-156 PDR*).
Élections législatives	38 000 € + 0,15 € par habitant de la circonscription. Ce plafond est majoré du coefficient multiplicateur de 1,26.	Candidats ayant recueilli au moins 5 % des suffrages exprimés : remboursement de 47,5 % du plafond.	Perte du droit au financement public. Reversement du montant du dépassement. Éventuelle annulation de l'élection. Inéligibilité possible.

Élections sénatoriales	10 000 € + 0,05 € par habitant si le département élit moins de 3 sénateurs. 10 000 € + 0,02 € par habitant si 3 sénateurs ou plus sont élus dans le département. Ce plafond est majoré du coefficient multiplicateur de 1,23.	Candidats ou listes ayant recueilli au moins 5 % des suffrages exprimés : remboursement de 47,5 % du plafond.	Perte du droit au financement public. Reversement du montant du dépassement. Éventuelle annulation de l'élection. Inéligibilité possible.

b) Les modalités du vote

Aux termes de l'article 3 de la Constitution : « Le suffrage peut être direct ou indirect dans les conditions prévues par la Constitution. Il est toujours universel, égal et secret ».

1) Suffrage direct ou indirect

La Constitution détermine si le suffrage est direct ou indirect. ***Il est direct pour l'élection des députés et indirect pour l'élection des sénateurs***. En effet, ces derniers sont élus par : les députés, les sénateurs, les conseillers régionaux élus de la section départementale correspondant au département en cause, les conseillers à l'Assemblée de Corse, ceux à l'assemblée de Guyane, ceux à l'assemblée de Martinique, les conseillers départementaux, les conseillers métropolitains de Lyon et des délégués des conseils municipaux ou leurs suppléants (C. élect., art. L. 280).

Le président de la République était dans un premier temps élu de façon indirecte par un collège électoral élargi (v. Chapitre 4) ; il est, depuis la révision constitutionnelle du 6 novembre 1962, élu de façon directe.

2) Suffrage universel et égal

L'universalité du suffrage est assurée par le faible nombre de conditions pour être électeur : être majeur, de nationalité française (au moins pour les élections nationales) et jouir de ses droits civils et politiques.

L'égalité du suffrage commande que la voix de ***chaque électeur pèse du même poids dans l'élection***. C'est évident dans le cas de l'élection présidentielle où l'élection n'a lieu que dans une seule circonscription : la France entière. Cela est plus difficile à organiser pour les élections législatives où les élections ont lieu dans autant de circonscriptions qu'il y a de sièges à pourvoir. Le découpage de ces circonscriptions a donc une influence majeure sur le poids des voix des électeurs.

Ce découpage est réalisé par une loi (ou le plus souvent par ordonnance) après avis d'une commission indépendante établie par l'article 25 de la Constitution. Il donne lieu à de multiples contestations politiques tant l'impératif démographique qui doit présider peut être aisément concilié avec des considérations purement partisanes (pratique du « *gerrymandering* »).

3) Suffrage secret

Le secret du vote est principalement organisé de deux façons :

- en imposant que l'électeur se rende dans un ***isoloir*** avant de voter (C. élect., art. L. 62) ;
- en obligeant l'électeur à glisser son bulletin dans une ***enveloppe anonyme*** (C. élect., art. L. 60).

c) L'importance du choix du mode de scrutin

Selon Maurice Duverger, le choix du mode de scrutin a une influence considérable sur la structuration du système politique. Or, les gouvernants ont fait le choix de privilégier le scrutin majoritaire, lequel permet la bipolarisation de la vie politique et ainsi une meilleure stabilité des institutions.

C'est en effet un scrutin uninominal majoritaire à deux tours qui est prévu par l'article 7 de la Constitution pour l'élection du président de la République (v. Chapitre 4).

C'est aussi ce choix qu'a fait le législateur pour l'élection des députés (Ord. 13 oct. 1958). Cette règle s'est effacée le temps d'une législature au profit de la représentation proportionnelle à la plus forte moyenne en vertu de la loi du 10 juillet 1985, mais la majorité élue le 16 mars 1986 a vite rétabli le mode de scrutin majoritaire initial (L. n° 86-825, 11 juill. 1986).

Pour aller plus loin

Le mode de scrutin pour l'élection des députés est critiqué par de nombreux mouvements politiques qui réclament l'introduction d'une dose de proportionnelle (comme l'a proposée le Gouvernement Philippe en août 2019), voire la proportionnelle intégrale.

En outre, la Covid-19 a contraint les institutions soit à organiser des scrutins dans des conditions difficiles (1er tour des municipales), soit à reporter des élections (2nd tour des municipales ; régionales et départementales).

Ceci affaiblit la légitimité des élus, si bien qu'il faudrait réflechir à des réformes d'ensemble à la fois des modes de scrutin, mais aussi des modalités matérielles de vote (par anticipation ? par correspondance ? par internet ?...) qui respectent néanmoins l'égalité devant le suffrage et garantissent le libre exercice du droit de vote, ainsi que la sincérité des scrutins.

L'article L. 567-1-A du Code électoral interdit toute modification du régime électoral et de la délimitation des circonscriptions dans l'année qui précède le 1er tour d'un scrutin (L. 2019-1269, 2 décembre 2019), mais, cette barrière n'ayant que valeur législative, le législateur pourrait passer outre. Il pourrait y avoir urgence à agir en prévision des scrutins de 2022.

S'agissant des sénateurs, le mode de scrutin qui préside à leur élection a davantage varié. Il résulte d'une loi du 2 août 2013 que :

– si moins de trois sénateurs sont élus dans le département, l'élection se déroule au scrutin majoritaire à deux tours (plurinominal s'il y a deux sénateurs à élire) ;
– si trois sénateurs ou plus sont élus dans le département, l'élection a lieu à la représentation proportionnelle à la plus forte moyenne.

PARTIE 2 L'organisation du pouvoir sous la Ve République

Chapitre 4

Le président de la République

« Clef de voûte des institutions » selon la formule de Michel Debré, le président de la République est l'organe majeur de la Vᵉ République. Un statut protecteur et des pouvoirs importants lui garantissent une place privilégiée parmi les institutions. Et au-delà des textes, ce qu'ont fait de la fonction ses différents titulaires a encore accru son importance.

1 Le statut du président de la République

Le statut du Président est particulièrement protégé dans la mesure où le mandat qu'il tient du peuple est lui-même de première importance.

■ *L'élection du président de la République*

a) D'une élection initialement indirecte à une élection directe

En 1958, les constituants organisent une élection indirecte du président de la République par un collège électoral composé des parlementaires, des conseillers généraux, des membres des assemblées des territoires d'outre-mer et de délégués des conseils municipaux. Au total, on compte 81 764 grands électeurs, ce qui fait du Président une sorte de « super-sénateur » selon l'expression de Georges Vedel.

Une seule élection a eu lieu selon ces modalités : le 21 décembre 1958, le général De Gaulle est élu par 78,5 % des suffrages exprimés.

Toutefois, il est apparu par la suite que ce dispositif ne permettrait pas aux successeurs de De Gaulle de disposer de la légitimité nécessaire. L'attentat du Petit-Clamart fut l'occasion de lancer une réforme tendant à l'élection du Président directement par le peuple.

Par un référendum de l'article 11 de la Constitution (v. Chapitre 3), De Gaulle soumet au peuple une révision de l'article 6 aux termes de laquelle le président de la République est élu au suffrage universel direct. Les Français l'approuvent à 62,3 % des suffrages exprimés. Depuis, 10 élections se sont déroulées selon ces nouvelles modalités.

Les élections présidentielles sous la Ve République

Élection au suffrage universel indirect			
Tour unique : 21 décembre 1958			De Gaulle : 78,5 % Marrane : 13 % Châtelet : 8,5 %
Élection au suffrage universel direct			
1er tour	**Nombre de candidats**	**2nd tour**	**Duel**
5 décembre 1965	6	19 décembre 1965	De Gaulle : 55,2 % Mitterrand : 44,8 %
1er juin 1969	7	15 juin 1969	Pompidou : 58,2 % Poher : 41,8 %
5 mai 1974	12	19 mai 1974	Giscard d'Estaing : 50,8 % Mitterrand : 49,2 %
26 avril 1981	10	10 mai 1981	Mitterrand : 51,8 % Giscard d'Estaing : 48,2 %
24 avril 1988	9	8 mai 1988	Mitterrand : 54 % Chirac : 46 %
23 avril 1995	9	7 mai 1995	Chirac : 52,6 % Jospin : 47,4 %
21 avril 2002	16	5 mai 2002	Chirac : 82,2 % Le Pen : 17,8 %
22 avril 2007	12	6 mai 2007	Sarkozy : 53,1 % Royal : 46,9 %
22 avril 2012	10	6 mai 2012	Hollande : 51,6 % Sarkozy : 48,4 %
23 avril 2017	11	7 mai 2017	Macron : 66,1 % Le Pen : 33,9 %

Cette élection directe du Président accentue sa légitimité populaire. Elle a ainsi pour conséquence son renforcement. Elle accentue aussi son inclination à s'occuper lui-même de quantité de questions ne relevant pas naturellement de ses attributions puisque le Président est élu sur un programme.

b) Les modalités de l'élection

1) Les conditions d'éligibilité

Pour pouvoir être candidat à l'élection présidentielle, il est nécessaire :
- d'être de ***nationalité française*** ;
- d'être âgé d'au moins ***18 ans*** ;
- de ***jouir de ses droits civils et politiques*** ;
- d'être présenté par au moins ***500 élus locaux ou nationaux***. Ce système de « ***parrainages*** » est mis en place dès 1962. En 1976, la loi organique augmente le nombre de présentations de 100 à 500 afin d'éviter les candidatures trop nombreuses qui risqueraient d'affaiblir la légitimité de l'élu en cas de forte dispersion des voix au 1er tour.

Le mécanisme des parrainages à l'élection présidentielle

Qui peut parrainer ?	Les députés et sénateurs ; les représentants français au Parlement européen élus en France ; les conseillers départementaux, régionaux, de Paris et de la métropole de Lyon ; les conseillers à l'assemblée de Corse, de Guyane, de Martinique, de Nouvelle-Calédonie, de Wallis-et-Futuna et de la Polynésie française ; les membres des conseils territoriaux de Saint-Barthélemy, Saint-Martin et Saint-Pierre-et-Miquelon ; les maires, les maires délégués et les maires d'arrondissement à Paris, Lyon et Marseille ; les membres de l'assemblée des Français de l'étranger ou les présidents des conseils consulaires ; les présidents de structures intercommunales ; les présidents des conseils exécutifs de Corse et de Martinique, le président de la Polynésie française et le président du gouvernement de Nouvelle-Calédonie.
Comment parrainer ?	Les parrainages sont adressés au Conseil constitutionnel par le parrain lui-même par voie postale (L. org. n° 2016-506, 25 avril 2016) ; une transmission électronique devrait être valable au plus tard le 1er janvier 2027 (L. org. n° 2021-335, 29 mars 2021).
Quand parrainer ?	Entre la date de publication au Journal officiel du décret portant convocation des électeurs pour l'élection présidentielle et le 6e vendredi précédent le scrutin.
Comment connaître les parrains ?	Le Conseil constitutionnel rend publics, au moins deux fois par semaine, le nom et la qualité des élus qui ont valablement présenté des candidats à l'élection présidentielle. Huit jours au moins avant le 1er tour de scrutin, il rend publics tous les parrainages des candidats.

Ce système de « parrainage » ne remplit plus son office correctement. Ainsi 16 candidats ont-ils pu s'affronter au 1er tour en 2002. La commission Jospin a suggéré de remplacer ce système par un mécanisme de parrainage-citoyen comme il en existe au Portugal ou en Pologne : 150 000 électeurs pourraient proposer un candidat à l'élection présidentielle.

Enfin, les candidats doivent déposer au Conseil constitutionnel une ***déclaration de situation patrimoniale et une déclaration d'intérêts et d'activités***, lesquelles sont transmises à la Haute autorité pour la transparence de la vie publique (HATVP) qui en assure la publicité au moins 15 jours avant le 1er tour (L. org. n° 2013-906, 11 oct. 2013). Le candidat élu doit également fournir une nouvelle déclaration de patrimoine en fin de mandat à des fins de contrôle par la HATVP et de publication (L. org. n° 2017-1338, 15 sept. 2017).

Une condition d'éligibilité supplémentaire a été ajoutée par la révision du 23 juillet 2008 : désormais, l'article 6 de la Constitution dispose que « ***nul ne peut exercer plus de deux mandats consécutifs*** ». Ainsi, un Président qui vient d'accomplir 2 mandats successifs est inéligible immédiatement pour un 3e mandat. En revanche, il pourra candidater pour un nouveau mandat après l'élection d'un autre Président entre-temps.

2) Le mode de scrutin

L'article 7 de la Constitution organise l'élection présidentielle au ***scrutin uninominal majoritaire à deux tours***.

Le 1er tour de l'élection présidentielle se déroule 20 jours au moins et 35 jours au plus avant l'expiration des pouvoirs du Président en exercice. Si aucun candidat n'obtient, au 1er tour, la majorité absolue des suffrages exprimés, un 2nd tour est organisé le 14e jour suivant. Ne peuvent y prendre part que les deux candidats arrivés en tête au 1er tour (sauf désistement éventuel).

Ce dispositif permet au Président d'être toujours élu par une majorité absolue des suffrages exprimés ce qui lui assure en principe une ***grande légitimité***. Il a aussi pour conséquence de favoriser la ***bipolarisation de la vie politique*** (v. Chapitre 2).

■ *La durée du mandat présidentiel*

a) La durée normale du mandat

Pendant plus d'un siècle, le président de la République française a été élu pour 7 ans. Issu de la loi du 20 novembre 1873, le septennat avait une origine essentiellement conjoncturelle. Toutefois, il permettait d'installer le président de la République dans un temps long, lui permettant d'être au-dessus des partis, comme le souhaitait le général De Gaulle.

Vers la fin du xxe siècle, la contestation de cette durée s'est faite plus forte. Il est vrai qu'à côté des Présidents italiens et irlandais, eux aussi élus pour 7 ans, le Président français dispose tant d'un rôle que de pouvoirs considérables.

Par un référendum du 24 septembre 2000, la loi constitutionnelle du 6 octobre 2000 a abaissé la durée du mandat à 5 ans.

Cette révision permet un ***jugement populaire sur l'action présidentielle plus fréquent***. Associée à l'inversion du calendrier électoral en 2001 (les élections législatives ont été positionnées quelques semaines après la présidentielle), cette réforme permet aussi de ***limiter considérablement les risques de cohabitation*** (v. Chapitre 2).

Mais cette double réforme entraîne également une ***soumission plus grande des députés au Président*** dans la mesure où ils sont élus sous sa bannière et grâce à un effet d'aspiration généré par son élection. Elle peut aussi transformer le Président en un ***acteur*** plus ***quotidien de la vie politique***, ayant moins de temps pour incarner la continuité de l'État. Emmanuel Macron a d'ailleurs estimé, le 20 août 2020, qu'« avec le quinquennat, cette période où le président de la République pouvait se distinguer de son gouvernement n'est plus ». Elle cause enfin une sorte de ***long tunnel électoral*** qui s'étend de la campagne pour l'élection présidentielle jusqu'à l'élection des députés qui a pour effet, d'une part, de paralyser les institutions et, d'autre part, de limiter l'attrait des citoyens pour les élections législatives.

b) L'interruption prématurée du mandat présidentiel

Certaines circonstances causent la fin du mandat présidentiel de manière anticipée. Il s'agit de :

- la ***démission*** : Le général De Gaulle a ainsi démissionné le 27 avril 1969 à la suite de l'échec du référendum sur la réforme du Sénat et la régionalisation ;
- le ***décès*** : G. Pompidou décède le 2 avril 1974 alors qu'il n'a pas encore accompli 5 ans de son septennat ;
- la ***destitution***.

Ces cas sont qualifiés par la Constitution comme créant une période de « ***vacance*** ». Une autre situation peut entraîner la fin du mandat présidentiel, il s'agit de la constatation par le Conseil constitutionnel, à la majorité absolue des membres le composant et sur saisine du seul gouvernement, de ***l'empêchement du président de la République d'exercer ses fonctions***.

En cas de vacance ou d'empêchement, le président du Sénat assure l'intérim du président de la République, comme Alain Poher a pu le faire à 2 reprises, en 1969 et 1974. Le Président par intérim dispose de tous les pouvoirs du Président à l'exception de l'organisation d'un référendum de l'article 11 de la Constitution et de la dissolution de l'Assemblée nationale (Const., art. 12).

En cas de vacance ou lorsque l'empêchement du Président est définitif, une élection présidentielle est organisée 20 jours au moins et 35 jours au plus après l'ouverture de cette vacance ou la déclaration du caractère définitif de l'empêchement. À noter qu'il est interdit d'engager ou de poursuivre une procédure de révision de la Constitution et de faire jouer les mécanismes des articles 49 et 50 de la Constitution (responsabilité du gouvernement) dans ces hypothèses.

■ La question de la responsabilité du président de la République

a) L'organisation de l'irresponsabilité présidentielle

1) L'irresponsabilité pour les actes accomplis en qualité de Président

Par principe, le président de la République est ***irresponsable*** pour ces actes (Const., art. 67). Cette règle est conforme à la logique du régime parlementaire (par le contreseing les ministres endossent la responsabilité des actes du chef de l'État) ; elle est aussi logique d'un point de vue pratique, évitant au Président d'être sans cesse mis en cause de façon abusive et outrancière.

Cette irresponsabilité à la fois politique et pénale lui permet d'effectuer des choix politiques sans avoir à craindre de faire l'objet d'un quelconque engagement de responsabilité. Le Président est donc naturellement protégé pour les actes qu'il accomplit en qualité de Président et ceci, y compris après le mandat.

2) L'inviolabilité pour les actes accomplis hors fonction

En plus, le Président bénéficie d'une ***inviolabilité*** s'agissant des actes qu'il a pu accomplir avant qu'il ne soit élu à la tête de l'État ou durant son mandat mais détachables de ses fonctions.

L'immunité présidentielle n'est dans ce cas que temporaire puisque l'article 67 de la Constitution dispose : « Il ne peut, durant son mandat et devant aucune juridiction ou autorité administrative française, être requis de témoigner non plus que faire l'objet d'une action, d'un acte d'information, d'instruction ou de poursuite ». La protection est donc absolue contre tous les actes judiciaires, mais elle n'est que temporaire.

En effet, tout délai de prescription ou de forclusion est suspendu le temps du mandat. Mais, un mois après la fin du mandat, les actions judiciaires n'ayant pu se dérouler pendant le mandat peuvent reprendre leur cours devant les juridictions de droit commun.

Ainsi, Jacques Chirac a-t-il été condamné le 15 décembre 2011 à 2 ans de prison avec sursis par le tribunal correctionnel de Paris dans l'affaire des emplois fictifs de la mairie de Paris, actes accomplis avant son mandat. De même, Nicolas Sarkozy a-t-il été condamné le 1er mars 2021 à 3 ans de prison, dont 1 ferme dans l'affaire dite « Paul Bismuth » pour corruption et trafic d'influence, actes accomplis après son mandat.

b) Les exceptions à cette irresponsabilité

1) *Une responsabilité politique exceptionnelle devant la Haute Cour*

Depuis la révision du 23 février 2007, la Constitution prévoit une exception à l'irresponsabilité de principe pour les actes accomplis en qualité de Président en cas de « ***manquement à ses devoirs manifestement incompatible avec l'exercice de son mandat*** ».

Il est impossible de définir ce manquement *in abstracto*. On peut penser qu'un Président qui violerait gravement la Constitution serait probablement traduit devant la Haute Cour pour un tel manquement. Mais la liste n'est ni exhaustive ni certaine. Ce sont les parlementaires qui ont à apprécier si le Président a commis un tel manquement.

Une assemblée peut être saisie d'une proposition de résolution en ce sens signée par 1/10e de ses membres et justifiant des motifs susceptibles de caractériser un tel manquement. Lorsqu'une assemblée décide d'adopter la proposition de résolution à la majorité des 2/3 des membres la composant (en ne retenant que les votes favorables et sans délégation de vote possible), celle-ci est aussitôt transmise à l'autre assemblée qui doit se prononcer dans les mêmes conditions de majorité dans les 15 jours. En cas de vote de la proposition par la 2de Chambre, l'ensemble des parlementaires est réuni en « *Haute Cour* ». Elle doit statuer dans le mois et ne peut prononcer la ***destitution*** qu'à la même majorité que précédemment.

L'intérêt de cette réforme est d'aboutir à une sanction politique, la destitution, qui est assez rapide. D'éventuelles poursuites pénales ou civiles pourront ensuite être engagées contre l'ancien Président si la destitution a été motivée par un acte détachable des fonctions puisqu'un mois après sa destitution il sera redevenu un justiciable ordinaire.

La loi organique n° 2014-1392 du 24 novembre 2014, qui organise concrètement cette procédure, prévoit que, saisi d'une proposition de résolution tendant à la réunion de la Haute Cour, le bureau de l'assemblée doit se prononcer sur sa recevabilité. On peut regretter l'existence de ce « préjugement ». À la suite d'indiscrétions du Président Hollande, affirmant à des journalistes avoir commandité au moins quatre assassinats de terroristes, le groupe « Les Républicains » a déposé une telle proposition de résolution, y voyant une violation du secret-défense, constitutive d'un manquement à ses devoirs manifestement incompatible avec l'exercice de son mandat ; le bureau de l'Assemblée nationale l'a déclarée irrecevable le 23 novembre 2016.

2) *Une responsabilité pénale exceptionnelle devant la Cour pénale internationale*

Si le président de la République venait à accomplir lui-même ou à donner l'ordre de commettre un crime de guerre, un crime contre l'humanité, un génocide ou une agression (au sens du droit international), il pourrait être jugé par la Cour pénale internationale, y compris pendant son mandat (Const., art. 53-2). Cette Cour est née d'un traité signé à Rome le 18 juillet 1998 que la France a souhaité ratifier en modifiant préalablement sa Constitution (8 juillet 1999).

Schéma de la responsabilité du président de la République selon les dispositions de la Constitution

Const., art. 67 : Le Président de la République **n'est pas responsable** des actes accomplis en cette qualité, sauf dans 2 hypothèses

Const., art. 53-2 : **Responsabilité pénale internationale** devant la Cour pénale internationale (en cas d'agression, crime de guerre, crime contre l'humanité ou génocide)

Const., art. 68 : **Responsabilité politique exceptionnelle** devant la Haute Cour en cas de « manquement à ses devoirs manifestement incompatible avec l'exercice de son mandat »

3) Une responsabilité politique très personnelle

Chaque Président a une compréhension de sa charge qui lui est propre. Tous clament régulièrement qu'ils sont les premiers responsables nationaux. Par exemple :

- Nicolas Sarkozy : « J'assume mes responsabilités parce que vous m'avez demandé de les assumer, vous n'avez pas attendu de moi que j'aille à la télévision pour dire [...] c'est la faute de mon Premier ministre. Mais c'est moi qui l'ai choisi, le Premier ministre ! C'est une question de conviction et de tempérament. Je ne peux pas faire semblant d'être responsable alors que les Français ont fait de moi le premier des responsables » (discours d'Épinal, 12 juillet 2007) ;
- François Hollande : « Moi, j'ai ma responsabilité. Je dois fixer le cap [...]. Je ne me défausse pas sur le Premier ministre, je suis en première ligne et je m'expliquerai devant les Français régulièrement » (10 septembre 2012).

Mais cette responsabilité est essentiellement d'ordre moral. Seul le général De Gaulle, ayant à affronter l'échec d'un référendum qu'il avait organisé, démissionne le 27 avril 1969 et donc tire des conséquences directes de ce désaveu populaire. Ni François Mitterrand, dont le camp perd les élections législatives en 1986 et en 1993, ni Jacques Chirac, qui dissout sans réussite l'Assemblée nationale en 1997 et voit le « *non* » l'emporter au référendum de 2005, ne tirent de conséquences de ces échecs sur leur propre mandat.

On peut, à certains égards, considérer que lorsqu'un président de la République candidate pour un nouveau mandat, il met en jeu sa responsabilité devant le peuple. Mais, depuis 2008, il ne peut plus le faire s'il a déjà accompli deux mandats consécutifs.

2 La fonction et les pouvoirs présidentiels

Le rôle du président de la République étant conçu de manière particulièrement large, il bénéficie de pouvoirs nombreux et variés.

■ *L'ambiguïté de l'arbitrage présidentiel*

L'article 5 de la Constitution évoque le rôle du président de la République en des termes polysémiques : « Le président de la République veille au respect de la Constitution. Il assure, par son arbitrage, le fonctionnement régulier des pouvoirs publics ainsi que la continuité de l'État.

Il est le garant de l'indépendance nationale, de l'intégrité du territoire et du respect des traités ».

Le terme « *arbitrage* » renvoie à plusieurs définitions :

- ***l'arbitre au sens sportif*** du terme est, en quelque sorte, extérieur au jeu et se contente d'en faire respecter les règles. De cette manière, le Président serait conçu comme veillant à ce que les autres organes institutionnels défendent les intérêts de l'État et de ses citoyens et respectent les règles. C'est en quelque sorte le sens de la formule de Michel Debré devant le Conseil d'État en 1958 lorsqu'il affirme que le président de la République « n'a d'autres pouvoirs que celui de solliciter un autre pouvoir » : le Parlement, le Conseil constitutionnel, le suffrage universel ;
- toutefois, ***l'arbitre*** est aussi tant en procédure civile qu'en droit international, ***la personne auxquelles les parties à un différend font appel afin de trancher ce différend***. Selon cette interprétation, le Président est alors un véritable décideur. Il est totalement immergé dans l'action.

Les Présidents successifs ont bien plus interprété leur rôle d'arbitre dans ce second sens venant s'ajouter au premier. En période de concordance, ils ont ainsi pu animer l'action du gouvernement, maîtriser et dominer le Parlement et en appeler au Conseil constitutionnel et au suffrage universel. En période de cohabitation, le Président est certes moins décideur ; il n'en est pas pour autant réduit à l'arbitre au sens sportif. Il fait usage, avec discernement, d'une véritable « *faculté d'empêcher* » (selon l'expression de Montesquieu) lui permettant de retarder voire bloquer des politiques qui ne lui paraissent pas œuvrer dans le sens de l'intérêt général.

Quelle que soit l'interprétation du sens du mot « *arbitrage* », le rôle du Président est donc étendu. Pour l'assumer, il dispose de quantité de pouvoirs.

■ La distinction « pouvoirs propres »/« pouvoirs partagés »

Les pouvoirs du président de la République peuvent être appréhendés selon la distinction opposant les pouvoirs contresignés, c'est-à-dire ceux pour l'usage desquels la signature du Premier ministre et des ministres responsables est requise, et les pouvoirs non contresignés. Les premiers sont qualifiés de « pouvoirs partagés », les seconds de « pouvoirs propres ». Cette dernière expression est pourtant impropre car elle laisse à penser que les pouvoirs propres seraient des pouvoirs discrétionnaires du Président alors que c'est très loin d'être le cas. En sens inverse, certains « pouvoirs partagés », notamment en période de concordance des majorités, peuvent, de fait, être d'usage discrétionnaire si le contreseing est systématiquement accordé.

Dans la logique du régime parlementaire et de l'irresponsabilité présidentielle, le principe est celui du contreseing des actes du Président (Const., art. 19). Toutefois, cet ***article 19 dresse*** aussi ***une liste*** d'exceptions, ***de pouvoirs qui ne nécessitent pas de contreseing ministériel***.

Les pouvoirs non contresignés du président de la République

Articles de la Constitution	Pouvoirs non contresignés du Président
Art. 8, al. 1	Nomination du Premier ministre
Art. 11	Référendum législatif
Art. 12	Dissolution de l'Assemblée nationale
Art. 16	Pouvoirs exceptionnels
Art. 18	Droit de message aux assemblées parlementaires
Art. 54	Saisine du Conseil constitutionnel pour apprécier la constitutionnalité d'un traité
Art. 56	Nomination de trois des membres du Conseil constitutionnel et choix de son président
Art. 61	Saisine du Conseil constitutionnel pour apprécier la constitutionnalité d'une loi

Les pouvoirs en relation avec le gouvernement et l'administration

L'étendue réelle de ces pouvoirs dépend étroitement des conditions politiques de leur exercice.

En période de concordance des majorités, d'une part, le Président est enclin à déborder sur les attributions du Premier ministre et du gouvernement, se substituant à eux pour nombre de décisions. D'autre part, il ne rencontre face à lui aucun contre-pouvoir venant s'opposer à la façon dont il entend faire usage des pouvoirs exécutifs qui lui sont reconnus par la Constitution.

En cohabitation, en revanche, l'usage de ces pouvoirs constitue davantage pour le Président la manifestation d'une faculté d'empêcher qu'un réel pouvoir d'action.

a) La nomination du Premier ministre et la fin de ses fonctions

1) La nomination du Premier ministre

Aux termes de l'article 8, al. 1 de la Constitution, « Le président de la République nomme le Premier ministre. Il met fin à ses fonctions sur la présentation par celui-ci de la démission du gouvernement ».

Ce pouvoir est exercé sans contreseing mais en tenant compte de l'article 20 de la Constitution, selon lequel le gouvernement est responsable devant le Parlement. Ainsi, le choix du Premier ministre est-il lié à son acceptation par l'Assemblée nationale (sans que cela ne se traduise forcément par un vote, le consentement pouvant être passif).

Si en période de cohabitation, cette règle vient considérablement réduire la liberté du Président dans le choix du Premier ministre, elle n'est que peu contraignante en période de concordance : le Président, véritable chef de la majorité parlementaire, peut, sans difficulté, imposer à sa majorité parlementaire l'identité du Premier ministre. Les choix de Georges Pompidou en 1962, de Raymond Barre en 1976, d'Édith Cresson en 1991, d'Édouard Philippe en 2017 ou de Jean Castex en 2020 sont des exemples de Premiers ministres dont la nomination ne s'imposait pas avec la force de l'évidence.

Cependant, le président de la République doit avoir à l'esprit, lors de ce choix, les desiderata parlementaires afin d'éviter de braquer sa majorité contre le nouveau Premier ministre. À l'automne 2010, Nicolas Sarkozy à qui l'on prêtait l'intention de changer de Premier ministre (J.-L. Borloo étant pressenti) s'est finalement résolu à renouveler François Fillon devant les mouvements d'humeur de la majorité.

2) La cessation des fonctions du Premier ministre et du gouvernement

Si les contraintes juridiques sur le Président sont faibles concernant la nomination du Premier ministre, elles sont plus fortes s'agissant de la résiliation de ses fonctions : ***pour que le Président*** *puisse mettre fin aux fonctions du Premier ministre, il est nécessaire que ce dernier lui remette la démission du gouvernement*. Le sort du Premier ministre entraîne tout le gouvernement.

En principe, donc, le régime parlementaire de la Ve République est moniste. Toutefois, cette conclusion n'est, en réalité, valable qu'en période de cohabitation.

En concordance, lorsque le Président veut changer de Premier ministre pour impulser une nouvelle politique ou ouvrir une nouvelle période de son mandat, il lui suffit de demander de lui remettre la démission du gouvernement. Le général De Gaulle justifiait cette pratique de cette façon : c'est « le Président, qui choisit le Premier ministre, qui le nomme ainsi que les autres membres du gouvernement, qui a la faculté de le changer, soit parce que se trouve accomplie la tâche qu'il lui destinait et qu'il veuille s'en faire une réserve en vue d'une phase ultérieure, soit parce qu'il ne l'approuverait plus [...] ; le Président est évidemment seul à détenir et à déléguer l'autorité de l'État » (conférence de presse du 31 janvier 1964).

En concordance, quantité de Premiers ministres ont ainsi démissionné à la demande du Président (Debré en 1962, Rocard en 1990, Ayrault en 2014...). La meilleure illustration de cette pratique dualiste de la Ve République en période de concordance étant la démission de Jacques Chaban-Delmas en 1972 alors que, quelques semaines plus tôt, il avait obtenu le renouvellement de la confiance parlementaire.

b) La nomination des autres membres du gouvernement et la fin de leurs fonctions

Les autres membres du gouvernement sont nommés et révoqués par décret du Président (contresigné) pris sur la proposition du Premier ministre (Const., art. 8, al. 2). En principe, donc, le Premier ministre doit suggérer au Président l'identité de ceux qu'il souhaite voir intégrer le gouvernement et le Président arrête la décision.

En période de cohabitation, c'est bien ainsi que sont nommés les membres du gouvernement. Le Président ne peut influer sur les choix que par une faculté d'empêcher. Il peut ainsi refuser les personnalités qui lui sont proposées par le Premier ministre, comme l'a fait François Mitterrand en 1986 s'agissant des fonctions de ministre des Affaires étrangères (refus de nommer J. Lecanuet) et de ministre de la Défense (refus de nommer F. Léotard).

En concordance, un véritable dialogue entre Président et Premier ministre est à la base de la formation du gouvernement. Il n'est pas rare que le Président y prenne une part très active donnant ainsi l'impression d'avoir choisi lui-même les titulaires de certaines fonctions ministérielles.

Remaniement ministériel ou nouveau gouvernement ?

Le Premier ministre peut décider de remettre au président de la République la démission du gouvernement pour différentes raisons : pour convenance personnelle (Valls en 2016) ; parce que le Président le lui a demandé (ex. : Debré en 1962, Raffarin en 2005) ; pour manifester sa divergence de vue avec le Président (Chirac en 1976) ; pour marquer son autorité vis-à-vis des ministres (Valls en 2014) ; ou en raison d'une convention de la Constitution selon laquelle le Premier ministre remet au Président la démission de son gouvernement immédiatement après des élections présidentielles ou législatives (Ayrault en 2012, Philippe en 2017). Dans ces hypothèses, est formé un « nouveau gouvernement », y compris lorsque le président de la République décide de renommer la même personne pour le diriger. En revanche, si, sur proposition du Premier ministre, le Président décide de nommer de nouveaux ministres et/ou de mettre fin aux fonctions de certains sans que le Premier ministre ne remette la démission du gouvernement, alors il s'agit d'un simple « remaniement ministériel », quelle que soit l'ampleur des modifications apportées à la composition gouvernementale.

c) La nomination aux emplois civils et militaires de l'État

Le pouvoir de nomination du président de la République est extrêmement large. Ces nominations n'obéissent pas toutes au même régime juridique, mais elles font toutes l'objet d'un contreseing du Premier ministre et des ministres responsables, ce qui peut augurer, au moins en période de cohabitation, une phase préalable de discussion entre les deux têtes de l'Exécutif.

1) Les nominations discrétionnaires

Pour certaines nominations, le choix présidentiel est essentiellement libre. Il peut avoir à respecter certaines conditions liées au statut concerné (par ex. : 60 % des recteurs d'académie doivent être universitaires), mais l'identité de la personne nommée relève de son libre choix, sous réserve du contreseing.

Le 3e alinéa de l'article 13 de la Constitution évoque ainsi une liste de fonctions auxquelles le Président nomme, en conseil des ministres, de façon discrétionnaire : « Les conseillers d'État, le grand chancelier de la Légion d'honneur, les ambassadeurs et envoyés extraordinaires, les conseillers maîtres à la Cour des comptes, les préfets, les représentants de l'État dans les collectivités d'outre-mer régies par l'article 74 et en Nouvelle-Calédonie, les officiers généraux, les recteurs des académies, les directeurs des administrations centrales ».

L'ordonnance organique du 28 novembre 1958 modifiée a allongé la liste des emplois auxquels le Président nomme par décret en conseil des ministres ou par décret simple : procureur général près la Cour des comptes, des emplois de direction dans les établissements publics, les entreprises publiques et les sociétés nationales...

2) Les nominations obligées

S'agissant de certains emplois, le pouvoir présidentiel relève de la compétence liée. Le Président tire simplement les conséquences obligées des résultats d'un concours. En quelque sorte, il ne s'agit pas ici d'un pouvoir de nomination, mais d'un ***devoir de nomination***.

C'est le cas des autres membres du Conseil d'État et de la Cour des comptes, des magistrats de l'ordre judiciaire, des professeurs de l'enseignement supérieur, des officiers des armées de terre, de mer et de l'air, des membres des corps dont le recrutement est normalement assuré par l'École nationale d'administration...

3) Les nominations quasi discrétionnaires

La loi organique du 23 juillet 2010 modifiée a mis en œuvre la révision du 23 juillet 2008 en dressant la liste des emplois « pour lesquels, en raison de leur importance pour la garantie des droits et libertés ou la vie économique et sociale de la Nation, le pouvoir de nomination du président de la République s'exerce après avis public de la commission permanente compétente de chaque assemblée » (Const., art. 13, al. 5) et toujours sous contreseing.

Cette loi organique mentionne 55 emplois soumis à cette procédure qui vise à éviter que les nominations n'apparaissent comme « *le fait du prince* » : Gouverneur de la Banque de France, le Président-directeur général de Météo France, celui d'EDF... Les nominations au Conseil constitutionnel, au Conseil supérieur de la magistrature (CSM) et celle du Défenseur des droits sont également soumises à ce régime sans être mentionnées dans cette loi organique.

Selon cette procédure, après avoir auditionné les candidats pressentis pour une nomination, les commissions parlementaires compétentes émettent un vote. ***Si l'addition des votes négatifs dans chaque commission représente au moins 3/5e des suffrages exprimés au sein des deux commissions, le Président ne peut procéder à la nomination envisagée***. Il suffit donc que 2/5e des suffrages, exprimés au sein des commissions, ne s'opposent pas à la nomination envisagée pour qu'elle puisse avoir lieu.

Pour aller plus loin

Un refus de nomination a-t-il déjà été opposé ?

Il n'a manqué qu'une voix pour s'opposer à la nomination du directeur général de l'Office national des forêts en décembre 2019. Depuis 2017, le Sénat étant largement dans l'opposition au président de la République, ses commissions ont exprimé plusieurs avis défavorables aux nominations, mais le fait majoritaire à l'Assemblée nationale a, jusqu'ici, abouti à ce qu'aucune nomination par le président de la République ne se voit opposer un veto.

Que se passe-t-il si une commission permanente compétente refuse d'auditionner le candidat ?

Le Conseil d'État a estimé, dans le cas où la commission des Lois du Sénat ne s'était pas réunie pour auditionner le candidat de F. Hollande pour la présidence de la commission indépendante prévue à l'article 25, Const., que la nomination pouvait être réalisée en ne tenant compte que des suffrages exprimés au sein de la commission des Lois de l'Assemblée (*CE, 13 déc. 2017, n° 411788*). *Nemo auditur*...

d) La présidence du conseil des ministres

Lieu de pouvoir, le conseil des ministres est le point de passage obligé pour mener à bien la politique nationale : les projets de loi doivent y être délibérés avant d'être déposés sur le bureau d'une assemblée et de nombreux décrets y sont soit pris, soit évoqués.

Or, le président de la République préside ce conseil (Const., art. 9). Il a ainsi compétence pour en arrêter l'ordre du jour établi en liaison avec le secrétariat général du gouvernement.

Si les chefs d'État des Républiques antérieures avaient une vision notariale de cette présidence, il en va différemment des Présidents de la Ve. Ainsi, De Gaulle narre-t-il, dans ses *Mémoires d'espoir*, le déroulement du conseil des ministres : « Chacun peut demander la parole ; elle lui est toujours donnée. Dans les cas les plus importants, j'invite tous les membres à faire connaître leur avis. De toute façon, le Premier ministre présente ses arguments et ses propositions. En fin de compte, j'indique quelle est ma manière de voir et je formule la conclusion. Après quoi, le relevé des décisions est arrêté par moi-même... ». De même, François Mitterrand, après avoir sollicité un débat entre ses ministres sur la méthode à suivre pour la nationalisation d'entreprises en 1982, indique-t-il qu'il leur fera connaître le sens de *sa* décision la semaine suivante.

En période de cohabitation, le Président ne peut profiter de cette présidence pour diriger l'action des ministres. Il dispose, en revanche, d'une place privilégiée pour dire tout le mal qu'il pense de la politique menée. Jacques Chirac a même refusé le 13 février 2001 d'inscrire un projet de loi à l'ordre du jour du conseil des ministres. Ce blocage n'a finalement duré qu'une semaine puisque le mercredi suivant il acceptait que le projet y soit débattu.

Le Conseil de défense

Durant la pandémie de Covid-19, E. Macron a pris l'habitude de réunir le Conseil de défense et d'y arrêter des décisions ayant des conséquences importantes sur les droits et libertés des citoyens. Initialement, institution à vocation militaire comme en témoigne le fait que son existence soit mentionnée dans l'article 15 de la Constitution, son appellation a changé pour devenir « conseil de défense et de sécurité nationale » (L. n° 2009-928 du 29 juillet 2009), ce qui a permis une extension de son champ de compétence, la sécurité pouvant être entendue de manière plus globale. Rassemblant sous la présidence du Président, le Premier ministre et les ministres en charge de la Défense, de l'Intérieur, de l'Économie, du Budget et des Affaires étrangères (Code défense, art. R. 1122-2), il peut néanmoins être ouvert à d'autres membres du gouvernement. Cette extension de ses compétences et de ses participants a permis la réunion de « conseils de défense sanitaire » durant la pandémie et même de « conseils de défense écologique ».

e) L'exercice d'un pouvoir réglementaire

Aux termes de l'article 13, al. 1 de la Constitution, « le président de la République signe les ordonnances et les décrets délibérés en conseil des ministres ». Ainsi, le Président n'est-il compétent que pour signer les seuls décrets délibérés en conseil des ministres (env. 5 % des décrets).

Toutefois la jurisprudence administrative a reconnu la compétence présidentielle y compris pour les décrets ayant fait l'objet d'une telle délibération alors même qu'aucun texte n'exigeait celle-ci (*CE, ass., 10 sept. 1992, n° 140376, Meyet*).

■ *Les pouvoirs en relation avec le Parlement*

a) La dissolution de l'Assemblée nationale

La dissolution consiste à abréger le mandat des députés en les renvoyant devant les électeurs de façon anticipée. Très encadré sous les IIIe et IVe Républiques, ce droit est aujourd'hui quasiment discrétionnaire. En effet, le Président doit seulement consulter le Premier ministre et les présidents des assemblées avant de signer le décret (non contresigné) de dissolution de l'Assemblée nationale (Const., art. 12).

Dans cette hypothèse, les élections législatives ont lieu 20 jours au moins et 40 jours au plus après la dissolution.

Il existe néanmoins quelques circonstances dans lesquelles il est interdit d'user de ce droit :

– lorsqu'il est fait usage des pouvoirs exceptionnels de l'article 16 de la Constitution ;
– en période d'intérim de la présidence de la République (Const., art. 7) ;
– dans l'année qui suit des élections législatives elles-mêmes consécutives à une dissolution.

Cette véritable possibilité d'appel au peuple permet au président de la République d'exercer sa fonction d'arbitrage. Il en a fait ***usage 5 fois sous la Vᵉ République*** :

Les dissolutions de l'Assemblée nationale sous la Vᵉ République

9 octobre 1962	L'Assemblée nationale ayant adopté une motion de censure contre le gouvernement Pompidou 4 jours plus tôt, le général De Gaulle fait trancher ce différend par le peuple en prononçant la dissolution de l'Assemblée. Il obtient un plus grand nombre de députés favorables, presque une majorité absolue.
30 mai 1968	Le mois de mai ayant connu d'intenses manifestations, De Gaulle met fin à l'agitation en renvoyant aux électeurs le soin de décider de la politique à mener. Une large majorité est reconduite.
22 mai 1981	F. Mitterrand est élu président de la République, mais l'Assemblée nationale élue en 1978 est majoritairement orientée à droite. Il prononce la dissolution sans attendre un inévitable conflit qui pourrait opposer l'Assemblée au gouvernement. Il obtient une majorité absolue lui permettant de mener à bien son programme.
14 mai 1988	Même situation qu'en 1981 : F. Mitterrand est réélu président de la République, mais l'Assemblée nationale élue en 1986 est majoritairement orientée à droite. Il obtient une majorité relative.
21 avril 1997	J. Chirac dispose d'une majorité parlementaire confortable quoique divisée (entre balladuriens et chiraquiens) élue en 1993. La politique de rigueur qui est menée fait craindre à l'entourage présidentiel une défaite en 1998, date de fin du mandat des députés. Le Président dissout l'Assemblée nationale afin de profiter d'un moment encore favorable. C'est un échec puisque l'Assemblée élue en juin 1997 l'oblige à cohabiter durant 5 ans.

b) Le référendum

Le président de la République dispose du pouvoir de décider de soumettre soit une révision constitutionnelle, soit une loi à l'approbation du peuple plutôt qu'au Parlement :

- *le référendum constituant*. Le Président, saisi d'une petite loi constitutionnelle votée dans les mêmes termes par les deux assemblées, peut décider de la faire adopter par le peuple (Const., art. 89), comme Jacques Chirac l'a fait en 2000 s'agissant du quinquennat présidentiel. Ce choix fait l'objet d'un contreseing du Premier ministre (v. Chapitre 2) ;
- *le référendum législatif*. Saisi d'une proposition en ce sens du gouvernement ou des deux assemblées conjointement, le Président peut décider de soumettre un projet de loi au référendum (Const., art. 11). Cette décision (non contresignée) permet au Président d'exercer sa fonction d'arbitrage en s'appuyant sur le peuple directement plutôt que sur le Parlement. 8 référendums de l'article 11 de la Constitution ont été organisés sous la Ve République (v. Chapitre 3).

c) Les messages aux assemblées

L'article 18 de la Constitution prévoit que ***le Président ne peut communiquer avec les assemblées que par l'intermédiaire de messages écrits*** qui sont lus par les présidents des assemblées. Le président de la République est libre d'adresser ce type de message à sa convenance : le Parlement est réuni spécialement pour en écouter la teneur et l'usage de ce pouvoir ne fait l'objet d'aucun contreseing. On compte près de 20 messages présidentiels de ce type.

La révision du 23 juillet 2008 prévoit en outre la ***possibilité pour le président de la République de s'exprimer directement devant les parlementaires réunis en Congrès***, ce qui met en lumière qu'il est, en concordance, le véritable chef de la majorité. En contrepartie, un débat peut faire suite au discours présidentiel une fois le Président sorti, lequel ne peut aucunement être suivi d'un vote.

Trois présidents ont usé de ce message au Congrès : Nicolas Sarkozy le 22 juin 2009, dans un discours consacré à la crise, François Hollande le 16 novembre 2015 suite aux attentats ayant frappé Paris et Emmanuel Macron le 3 juillet 2017 et le 9 juillet 2018 pour indiquer aux parlementaires la politique qu'il souhaite mener.

d) La promulgation et la demande de nouvelle délibération de la loi

« La promulgation est l'acte par lequel le président de la République atteste l'existence de la loi et donne l'ordre aux autorités publiques d'observer et de faire observer cette loi » (*CE, ass., 8 févr. 1974, n° 84888*). C'est le point final de la procédure législative.

L'article 10, al. 1 de la Constitution indique qu'il s'agit d'un ***véritable devoir du Président***. En effet, il dispose de 15 jours suivant la transmission au gouvernement de la loi définitivement adoptée pour y procéder par un décret contresigné par les ministres responsables. La date de ce décret devient la date de la loi. Toutefois, le délai de promulgation est suspendu en cas de saisine du Conseil constitutionnel ou lorsque le président de la République demande une nouvelle délibération de la loi (Const., art. 10, al. 2).

Cette demande de nouvelle délibération (exercée 3 fois depuis 1958) ***ne peut être refusée par le Parlement***, mais pour exister elle nécessite le contreseing du Premier ministre qui, lui, pourrait refuser de le donner. C'est ce qui explique que Jacques Chirac ait promulgué la loi sur le contrat première embauche le 31 mars 2006 tout en demandant aux pouvoirs publics et aux acteurs du monde de l'entreprise de ne pas l'appliquer !

e) L'ouverture et la clôture des sessions extraordinaires du Parlement

Lorsque le Parlement a besoin de siéger hors session ordinaire (c'est-à-dire hors de la période du 1er jour ouvrable d'octobre au dernier jour ouvrable de juin), *le* ***Premier ministre*** *ou la* ***majorité absolue des membres composant l'Assemblée nationale peuvent demander au Président d'ouvrir une session extraordinaire sur un ordre du jour déterminé*** (Const., art. 29 et 30).

Lorsque la session extraordinaire est ouverte à la demande du Premier ministre, celle-ci prend fin à l'épuisement de son ordre du jour. Lorsqu'elle est ouverte à la demande des députés, elle prend fin au plus tard 12 jours après sa réunion.

Même si les dispositions constitutionnelles semblent conférer au Président une compétence liée en la matière, dès 1960, De Gaulle a refusé d'ouvrir une session extraordinaire qui lui était demandée par la majorité absolue des députés. François Mitterrand refusa lui aussi d'ouvrir une session extraordinaire du Parlement en pleine cohabitation (décembre 1987). Il a aussi, en juin 1993, retranché une question de l'ordre du jour de la session extraordinaire du Parlement qui lui était soumis.

■ *Les pouvoirs en relation avec des autorités juridictionnelles*

a) Les pouvoirs relatifs à l'autorité judiciaire

Érigé en « garant de l'indépendance de l'autorité judiciaire » par l'article 64 de la Constitution, le président de la République a cessé, depuis la révision du 23 juillet 2008, de présider le Conseil supérieur de la magistrature (CSM). En revanche, ***il en nomme deux membres*** après avis des commissions des lois des assemblées (Const., art. 65 et 13) et procède aux nominations des magistrats selon diverses procédures (v. Chapitre 8).

Le Président dispose en outre du *droit de grâce à titre individuel* par lequel il peut dispenser un condamné de l'exécution de sa peine (Const., art. 17). Ce dernier pouvoir est exercé sous contreseing du Premier ministre et du ministre de la Justice, mais, en principe, le contreseing est toujours accordé.

b) La nomination de membres du Conseil constitutionnel

En vertu de l'article 56 de la Constitution, le président de la République partage avec les présidents des assemblées parlementaires le pouvoir de nommer les membres du Conseil constitutionnel. Chacun d'entre eux nomme trois membres, sans contreseing mais après audition et veto possible des commissions des lois des assemblées.

En outre, le président de la République choisit, parmi les membres du Conseil constitutionnel, l'un d'entre eux comme président de cette institution (v. Chapitre 7). En février 2016, il a choisi Laurent Fabius en même temps qu'il le nommait au Conseil constitutionnel.

c) La saisine du Conseil constitutionnel

Le président de la République, comme le Premier ministre, chacun des présidents des assemblées ou 60 députés ou 60 sénateurs, peut saisir le Conseil constitutionnel :

- avant la promulgation d'une loi pour en apprécier la constitutionnalité (Const., art. 61) ;
- avant la ratification d'un traité afin d'examiner si celui-ci ne comporte pas de clauses contraires à la Constitution qui empêcheraient sa ratification (Const., art. 54).

Ces deux pouvoirs sont dispensés du contreseing. En pratique, le Président n'a saisi le Conseil constitutionnel d'une loi que 3 fois, en 2015 (loi relative au renseignement), 2019 (loi « anticasseurs ») et 2020 (prorogation de l'état d'urgence sanitaire) pour des lois pouvant apparaître liberticides ; en saisissant le Conseil, il tentait ainsi de rassurer les Français. Il l'a, aussi, saisi 10 fois pour apprécier la compatibilité d'un traité à la Constitution manifestant ainsi sa mainmise sur le domaine des affaires étrangères (dont 2 saisines conjointes avec le Premier ministre Jospin, en période de cohabitation).

■ *Les pouvoirs d'incarnation de la Nation*

a) Les pouvoirs exceptionnels de l'article 16 de la Constitution

Véritable Constitution au sein de la Constitution, l'article 16 organise un État d'exception niant la séparation des pouvoirs au profit de l'efficacité. « *Roue de secours* » (Georges Vedel), son usage est très exceptionnel bien que les conditions de sa mise en application soient peu précises.

1) Les conditions de mise en œuvre de l'article 16

Conditions de fond (cumulatives)	Une interruption du fonctionnement régulier des pouvoirs publics constitutionnels.
	Une menace grave et immédiate portant soit sur les institutions de la République, soit sur l'indépendance de la Nation, soit sur l'intégrité du territoire, soit sur l'exécution des engagements internationaux.
Conditions de forme (cumulatives)	Le président de la République doit consulter officiellement le Premier ministre, les présidents des assemblées et le Conseil constitutionnel.
	Le Président doit adresser un message à la Nation l'informant de la mise en œuvre de ce dispositif.

2) Les effets de l'article 16

S'il estime ces conditions réunies, le Président peut décider, sans contreseing, de mettre en œuvre l'article 16. Dès lors, ***il peut prendre toutes les mesures exigées par les circonstances***. Il dispose de tout le pouvoir exécutif mais aussi du pouvoir législatif. En revanche, il perd le droit de dissoudre l'Assemblée nationale et aucune procédure de révision ne peut être engagée ou poursuivie durant l'application de l'article 16 (*Cons. const., n° 92-312 DC, 2 sept. 1992*).

Toutes les « *décisions* » qu'il prend sont soumises pour avis au Conseil constitutionnel et « doivent être inspirées par la volonté d'assurer aux pouvoirs publics constitutionnels, dans les moindres délais, les moyens d'accomplir leur mission ».

3) Le contrôle de l'utilisation de l'article 16

Le principal contrôle exercé sur le Président est l'avis que le Conseil constitutionnel doit formuler sur la décision de recourir aux dispositions de cet article. Cet avis est en effet publié au *Journal officiel* (Ord. org. n° 58-1067, 7 nov. 1958, art. 53).

Depuis la révision du 23 juillet 2008, le Conseil constitutionnel peut de nouveau être saisi, par les présidents des assemblées ou par 60 députés ou 60 sénateurs, après 30 jours d'utilisation de l'article 16 pour examiner si les conditions qui ont présidé à sa mise en œuvre sont toujours réunies. Au-delà de 60 jours, il peut s'auto-saisir à tout moment pour effectuer cet examen.

Le Parlement, qui est réuni de plein droit pendant toute la durée d'application de l'article 16, peut décider de lancer la procédure de destitution contre un Président qui abuserait de ce pouvoir.

En revanche, ***le contrôle juridictionnel sur le Président est limité :*** la décision de mettre en œuvre l'article 16 est un « *acte de gouvernement* » insusceptible de recours et les décisions prises dans son cadre ne peuvent être soumises au contrôle du juge administratif qu'à la condition qu'elles soient de nature réglementaire (*CE, ass., 2 mars 1962, n° 55049, Rubin de Servens*).

4) La pratique de l'article 16

Ce dispositif n'a été mis en œuvre qu'une seule fois, du 23 avril au 29 septembre 1961 pour faire face au putsch d'Alger. La durée d'utilisation a été critiquée, mais le président de l'Assemblée nationale, Jacques Chaban-Delmas, a considéré qu'une motion de censure contre le gouvernement n'était recevable durant l'application de l'article 16 qu'à la condition que la période coïncide avec une période de session ordinaire.

Les « états de crise »

L'article 36 de la Constitution organise une autre réponse, militaire cette fois : ***l'état de siège***. Ce transfert des pouvoirs civils aux militaires peut être mis en œuvre par décret en conseil des ministres, et prolongé au-delà de 12 jours par une loi, en cas de « péril imminent résultant d'une guerre étrangère ou d'une insurrection armée » (C. défense, art. L. 2121-1).

Il existe un état de crise organisé par une loi du 3 avril 1955 modifiée : ***l'état d'urgence***. Il est également mis en œuvre par décret en conseil des ministres et prolongé au-delà de 12 jours par une loi, en cas de « péril imminent résultant d'atteintes graves à l'ordre public, soit en cas d'événements présentant, par leur nature et leur gravité, le caractère de calamité publique ». C'est cette réponse qui fut choisie par le président de la République, le 14 novembre 2015, après les attentats ayant frappé Paris.

À l'occasion de la pandémie de Covid-19 en 2020, il a été mis en place ***l'état d'urgence sanitaire*** par la loi n° 2020-290 du 23 mars 2020 (CSP, art. L. 3131-12 et s.). Il est mis en œuvre par un décret en Conseil des ministres et nécessite une loi pour être prolongé au-delà d'un mois. Ce dispositif a permis la prise de mesures exceptionnelles. Pourtant, il ne s'agit pas tout à fait encore d'un ***« état de crise »*** qui pourrait être déclenché de nouveau dans un contexte similaire, car ce dispositif n'existe que jusqu'au 31 décembre 2021 ; il s'agit d'une loi d'exception applicable, on l'espère, au seul cas d'espèce. Il a néanmoins été mis en œuvre par la loi du 23 mars 2020 pour 2 mois, puis renouvelé jusqu'au 10 juillet 2020 par celle du 11 mai 2020, avant d'être mis en œuvre une 2de fois par un décret du 14 octobre 2020 et prorogé depuis par les lois successives du 14 novembre 2020 et du 15 février 2021.

b) La question du domaine réservé

En 1959, Jacques Chaban-Delmas a popularisé une expression née sous la plume de Jacques Fauvet en évoquant l'existence d'un « *domaine réservé* » au président de la République : les affaires étrangères, la défense et l'Algérie (ne subsistent que les deux premiers thèmes).

Le rôle et les pouvoirs du président de la République dans ces matières sont effectivement importants : « il est le garant de l'indépendance nationale, de l'intégrité du territoire et du respect des traités » (Const., art. 5), il accrédite les ambassadeurs (Const., art. 14), il est le chef des armées (Const., art. 15), il négocie et ratifie les traités (Const., art. 52) et il est investi du pouvoir d'user de l'arme nucléaire (C. défense, art. R. 1411-5).

Toutefois, il peut sembler abusif d'évoquer l'existence d'un domaine réservé dans la mesure où le Président n'est absolument pas la seule institution à agir dans ces domaines.

Ainsi, le Premier ministre est-il responsable de la défense nationale (Const., art. 21) et il contresigne les actes du Président y compris ceux relatifs à ces matières (à l'exception de l'usage de l'arme nucléaire). Le gouvernement détermine et conduit d'ailleurs la politique de la nation sans que la Constitution ne restreigne cette compétence à la seule politique intérieure (Const., art. 20).

Le Parlement dispose, lui aussi, de compétences nombreuses sur ces questions : il vote la loi, laquelle détermine notamment « les principes fondamentaux de l'organisation générale de la défense nationale » (Const., art. 34) ; il autorise la déclaration de guerre et doit donner son autorisation au maintien d'opérations extérieures au-delà de quatre mois (Const., art. 35, v. Chapitre 6) ; il doit aussi autoriser, par la loi, la ratification de quantité de traités dont la liste figure à l'article 53 de la Constitution.

***L'expression** de domaine réservé **est donc excessive, mais elle traduit une prééminence présidentielle dans ces matières que même la pratique de la cohabitation n'a pas désavouée**.*

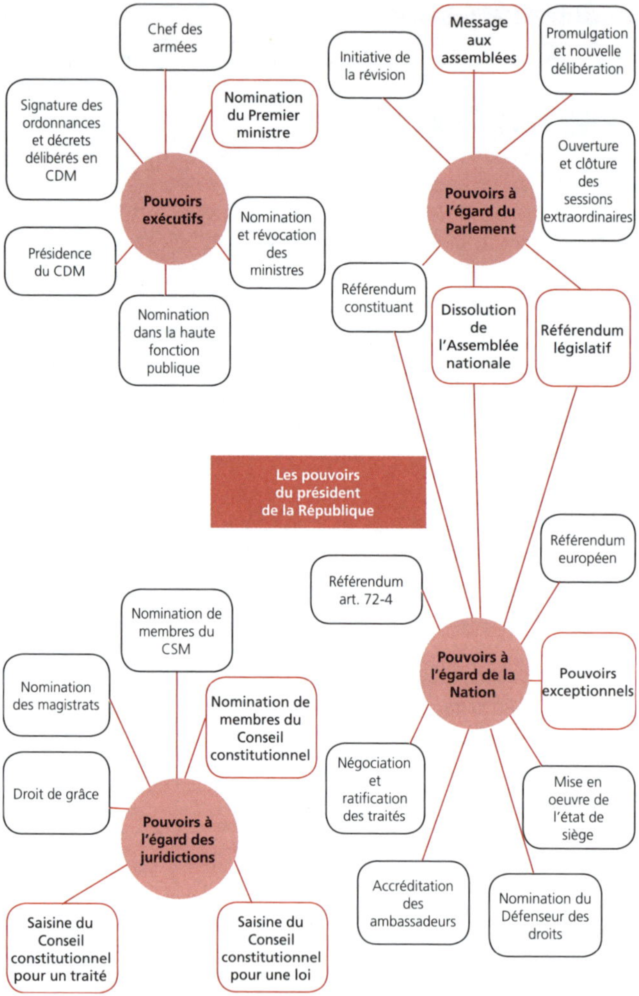
Les pouvoirs du président de la République
Pouvoirs exécutifs
Chef des armées
Nomination du Premier ministre
Signature des ordonnances et décrets délibérés en CDM
Nomination et révocation des ministres
Présidence du CDM
Nomination dans la haute fonction publique
Pouvoirs à l'égard du Parlement
Initiative de la révision
Message aux assemblées
Promulgation et nouvelle délibération
Ouverture et clôture des sessions extraordinaires
Référendum constituant
Dissolution de l'Assemblée nationale
Référendum législatif
Pouvoirs à l'égard de la Nation
Référendum européen
Référendum art. 72-4
Pouvoirs exceptionnels
Négociation et ratification des traités
Mise en oeuvre de l'état de siège
Accréditation des ambassadeurs
Nomination du Défenseur des droits
Pouvoirs à l'égard des juridictions
Nomination de membres du CSM
Nomination des magistrats
Nomination de membres du Conseil constitutionnel
Droit de grâce
Saisine du Conseil constitutionnel pour un traité
Saisine du Conseil constitutionnel pour une loi

Chapitre 5

Le gouvernement

Organe charnière, à la fois nommé par le Président et représentant la majorité à l'Assemblée nationale, le gouvernement est un organe fondamental des institutions de la Vᵉ République. Organe d'impulsion mais aussi d'exécution, ses pouvoirs et son autonomie dépendent grandement du contexte politique.

1 La formation du gouvernement

Le choix des membres du gouvernement

L'article 8, al. 1, de la Constitution dispose que le Premier ministre est nommé par le président de la République (décret non contresigné). Le choix de l'identité de celui qui, aux termes de l'article 21 de la Constitution « dirige l'action du gouvernement », est très largement discrétionnaire. Le Président doit juste choisir un Premier ministre qui est accepté par la majorité parlementaire afin de respecter les principes du régime parlementaire et éviter que le gouvernement ne soit immédiatement renversé par l'Assemblée nationale.

En période de concordance des majorités, cela laisse un vaste choix au Président, lequel est véritablement le chef de la majorité parlementaire. Ainsi, par exemple, les choix de Raymond Barre en 1976 ou de Jean Castex en 2020 ont-ils pu paraître être imposés par le Président à l'Assemblée. Cette liberté est également considérable lorsque le président de la République vient d'être élu et que le gouvernement en place démissionne en attendant l'organisation d'élections législatives. En témoigne la nomination d'Édouard Philippe (LR), par Emmanuel Macron, le 15 mai 2017.

En cohabitation, le choix du Premier ministre par le Président est moins évident. Sans qu'une contrainte juridique supplémentaire ne pèse sur le Président, sa faiblesse politique du moment a toujours abouti au choix de celui qui lui était indiqué par la majorité parlementaire.

Quant aux autres membres du gouvernement, l'article 8, al. 2, de la Constitution précise qu'ils sont nommés par décret du Président (contresigné) sur « la proposition du Premier ministre ». Un dialogue entre les deux têtes de l'Exécutif est donc institué. Toutefois, en concordance, la prééminence présidentielle sur le Premier ministre aboutit à des choix qui sont en réalité effectués par le Président, le Premier ministre n'ayant qu'à donner son consentement.

Les gouvernements de la Vᵉ République

Premier ministre	Nomination	Démission	Motif de la fin des fonctions
Michel Debré	8 janv. 1959	14 avr. 1962	Volonté présidentielle
Georges Pompidou (1)	14 avr. 1962	28 nov. 1962	Motion de censure
Georges Pompidou (2)	28 nov. 1962	8 janv. 1966	Élection présidentielle
Georges Pompidou (3)	8 janv. 1966	1er avr. 1967	Élections législatives
Georges Pompidou (4)	6 avr. 1967	10 juill. 1968	Élections législatives
Maurice Couve de Murville	10 juill. 1968	20 juin 1969	Élection présidentielle
Jacques Chaban-Delmas	20 juin 1969	5 juill. 1972	Volonté présidentielle
Pierre Messmer (1)	5 juill. 1972	28 mars 1972	Élections législatives
Pierre Messmer (2)	2 avr. 1973	27 févr. 1974	Modifier la composition du gouvernement
Pierre Messmer (3)	27 févr. 1974	27 mai 1974	Élection présidentielle
Jacques Chirac (1)	27 mai 1974	25 août 1976	Démission volontaire
Raymond Barre (1)	25 août 1976	29 mars 1977	Modifier la composition du gouvernement
Raymond Barre (2)	29 mars 1977	31 mars 1978	Élections législatives
Raymond Barre (3)	3 avr. 1978	13 mai 1981	Élection présidentielle
Pierre Mauroy (1)	21 mai 1981	22 juin 1981	Élections législatives
Pierre Mauroy (2)	22 juin 1981	22 mars 1983	Modifier la composition du gouvernement
Pierre Mauroy (3)	22 mars 1983	17 juill. 1984	Volonté présidentielle
Laurent Fabius	17 juill. 1984	20 mars 1986	Élections législatives
Jacques Chirac (2)	20 mars 1986	10 mai 1988	Élection présidentielle
Michel Rocard (1)	10 mai 1988	22 juin 1988	Élections législatives
Michel Rocard (2)	23 juin 1988	15 mai 1991	Volonté présidentielle
Édith Cresson	15 mai 1991	2 avr. 1992	Volonté présidentielle
Pierre Bérégovoy	2 avr. 1992	29 mars 1993	Élections législatives

Édouard Balladur	29 mars 1993	11 mai 1995	Élection présidentielle
Alain Juppé (1)	17 mai 1995	7 nov. 1995	Modifier la composition du gouvernement
Alain Juppé (2)	7 nov. 1995	2 juin 1997	Élections législatives
Lionel Jospin	2 juin 1997	6 mai 2002	Élection présidentielle
Jean-Pierre Raffarin (1)	6 mai 2002	17 juin 2002	Élections législatives
Jean-Pierre Raffarin (2)	17 juin 2002	30 mars 2004	Modifier la composition du gouvernement
Jean-Pierre Raffarin (3)	30 mars 2004	31 mai 2005	Volonté présidentielle
Dominique de Villepin	31 mai 2005	15 mai 2007	Élection présidentielle
François Fillon (1)	17 mai 2007	18 juin 2007	Élections législatives
François Fillon (2)	18 juin 2007	13 nov. 2010	Volonté présidentielle
François Fillon (3)	14 nov. 2010	10 mai 2012	Élection présidentielle
Jean-Marc Ayrault (1)	15 mai 2012	18 juin 2012	Élections législatives
Jean-Marc Ayrault (2)	18 juin 2012	31 mars 2014	Volonté présidentielle
Manuel Valls (1)	31 mars 2014	25 août 2014	Démission volontaire
Manuel Valls (2)	25 août 2014	6 déc. 2016	Démission volontaire
Bernard Cazeneuve	6 déc. 2016	10 mai 2017	Élection présidentielle
Édouard Philippe (1)	15 mai 2017	19 juin 2017	Élections législatives
Édouard Philippe (2)	19 juin 2017	3 juill. 2020	Volonté présidentielle
Jean Castex	3 juill. 2020		

■ *Les différents membres du gouvernement*

Tant le nombre que les dénominations des fonctions ministérielles (ou « *départements ministériels* ») ne font l'objet d'aucune prescription textuelle. La Constitution impose seulement que le gouvernement comprenne un Premier ministre et un garde des Sceaux, ministre de la Justice.

La pratique est variable quant au nombre de départements ministériels. On trouve des gouvernements resserrés (27 membres pour le gouvernement Jospin nommé le 4 juin 1997) et d'autres élargis (49 pour le gouvernement Rocard nommé le 28 juin 1988). Quantité de « critères » président au choix des membres du gouvernement, ce qui a pour effet d'allonger leur liste :

importance politique, représentation d'une fraction de la majorité, parité hommes/femmes, représentation des minorités visibles, représentation territoriale, ouverture politique...

Une plus grande constance est respectée dans les dénominations des fonctions gouvernementales, encore qu'une certaine originalité peut toujours être présente. On trouve ainsi des « ***ministres*** » encore dénommés « ministres avec portefeuille » ou « ministres de plein exercice ». Généralement s'y ajoutent :

- des « ***ministres d'État*** » qui sont ainsi distingués par cette appellation en raison soit de leur importance politique soit de l'importance du département ministériel qui leur est confié. Dans le protocole, ils prennent rang entre le Premier ministre et les ministres ;
- des « ***ministres délégués*** » qui sont délégués auprès du Premier ministre, d'un ministre d'État ou d'un ministre. Ils ont en charge une partie des attributions de celui-ci. Selon les cas, ils participent à tous les conseils des ministres (Philippe) ou seulement à ceux ayant à délibérer de questions relevant de leurs attributions (Castex) ;
- des « ***secrétaires d'État*** » qui, comme les ministres délégués, sont délégués auprès du Premier ministre, d'un ministre d'État ou d'un ministre. Cette catégorie fait figure « ***d'école du pouvoir*** » avant que le secrétaire d'État puisse prétendre devenir « ministre ». Ils ne participent au conseil des ministres que pour les questions qui relèvent de leurs attributions, sauf celui en charge des relations avec le Parlement et le porte-parole du gouvernement s'ils ont la qualité de secrétaire d'État.

D'autres dénominations (M. Hirsch et J.-P. Delevoye ont ainsi été « *Haut-commissaires* » dans les gouvernements Fillon II et Philippe II) ou formules (des ministres délégués ou des secrétaires d'État qui ne sont délégués auprès d'aucun ministre ou auprès de deux ministres ; des ministres d'État, ministres ou secrétaires d'État sans département ministériel précis) ont d'ores et déjà été employées.

Le gouvernement Castex comporte, outre le Premier ministre, 16 ministres, 14 ministres délégués et 12 secrétaires d'État.

Pour aller plus loin

La loi n° 2017-1339 du 15 septembre 2017 permet au président de la République de solliciter un contrôle de la HATVP sur les déclarations d'intérêts et de patrimoine de ceux qu'il envisage de nommer au gouvernement ; de solliciter de l'administration fiscale une attestation aux termes de laquelle ces personnes sont en règle avec leurs obligations fiscales ; et de disposer du bulletin n° 2 du casier judiciaire les concernant. Cela devait éviter que des difficultés n'éclatent qu'une fois les ministres nommés, comme avec T. Thévenoud, éphémère secrétaire d'État au Commerce extérieur en 2014 (9 jours) avant que ne soit révélée sa « phobie administrative ». Pourtant, cela n'a pas évité l'affaire « Delevoye » en décembre 2019 (cumul de fonctions et de rémunérations non déclarées à la HATVP).

■ *L'absence d'investiture du gouvernement*

L'article 49, alinéa 1, de la Constitution dispose que « Le Premier ministre, après délibération du conseil des ministres, engage devant l'Assemblée nationale la responsabilité du gouvernement sur son programme ou éventuellement sur une déclaration de politique générale ».

L'absence de délai dans lequel cet engagement de responsabilité devrait avoir lieu après la formation du gouvernement a été mise à profit par les Premiers ministres pour interpréter cette disposition comme n'imposant pas cet engagement. Ainsi, quantité de gouvernements n'ont pas fait l'objet d'un vote de confiance juste après leur formation : Pompidou III et IV, Couve de Murville, Messmer I et III, Barre I, Rocard II, Cresson, Bérégovoy. À cette liste, il convient d'ajouter les premiers gouvernements Mauroy, Rocard, Raffarin, Fillon, Ayrault et Philippe qui n'ont pas fait l'objet d'un tel vote, les élections législatives n'ayant lieu que quelques semaines plus tard ; pour leur deuxième gouvernement (à l'exception de M. Rocard), ces Premiers ministres ont procédé à cet engagement de responsabilité. Jean Castex s'y est soumis le 15 juillet 2020.

Il n'existe pas plus d'investiture de la part du Sénat. Tout au plus le Premier ministre peut-il soit demander au Sénat l'approbation d'une déclaration de politique générale (Const., art. 49, al. 4) sans que ce vote n'engage la responsabilité du gouvernement, soit, comme cela est devenu fréquent, y faire une déclaration suivie d'un débat (Const., art. 50-1).

Ainsi, en comparaison avec les IIIe et IVe Républiques, *les gouvernements de la Ve République bénéficient d'une confiance parlementaire présumée*.

2 Le statut des membres du gouvernement

N'étant pas titulaires d'un mandat mais exerçant une fonction, les membres du gouvernement disposent d'un statut moins protecteur que le président de la République ou les parlementaires.

■ *Les incompatibilités*

Les fonctions de membre du gouvernement ne peuvent être cumulées avec tout emploi public, toute fonction de représentation professionnelle à caractère national et même avec toute activité professionnelle.

En revanche, il est juridiquement possible de cumuler les fonctions gouvernementales avec un mandat électif local. Toutefois, certains Premiers ministres exigent de leurs ministres qu'ils se concentrent à temps plein sur leurs fonctions et interdisent alors le cumul avec un mandat exécutif local ; c'est la « jurisprudence Jospin ».

L'incompatibilité la plus importante est celle entre les fonctions gouvernementales et un mandat parlementaire. Innovation de la Ve République, elle évite la « *course aux portefeuilles* ». Un parlementaire nommé au gouvernement est alors remplacé par son suppléant ou son suivant de liste jusqu'à ce que les fonctions gouvernementales cessent. Depuis 2009, l'ex-ministre retrouve alors son siège au Parlement automatiquement sans avoir à se faire réélire lors d'une élection partielle comme c'était le cas de 1958 à 2009.

En raison de ces incompatibilités, les membres du gouvernement doivent bénéficier d'une rémunération : 15 203,79 € bruts mensuels pour le Premier ministre (et le président de la République), 10 093,64 € pour un ministre (D. n° 2012-983, 23 août 2012), 9 589 € pour un secrétaire d'État (D. n° 2014-425, 25 avr. 2014).

■ *La responsabilité politique des membres du gouvernement*

a) La responsabilité collégiale du gouvernement

Le principe de solidarité gouvernementale est l'un des principes fondateurs du régime parlementaire. Il signifie que la mise en cause d'un aspect de l'action politique du gouvernement peut entraîner la fin des fonctions de l'intégralité de ses membres. Par ailleurs, lorsqu'un Premier ministre entend quitter ses fonctions, il ne peut le faire que par la remise formelle de la démission de l'ensemble du gouvernement (Const., art. 8, al. 1).

La démission collective n'est imposée par la lettre de la Constitution que lorsque l'Assemblée nationale refuse d'accorder sa confiance à un Premier ministre qui la lui demande à la majorité absolue des présents ou décide d'adopter une motion de censure contre le gouvernement à la majorité absolue des membres la composant (Const., art. 50).

En pratique, si un président de la République émet, en période de concordance des majorités, le vœu de changer de Premier ministre, le Premier ministre lui remet la démission du gouvernement (Debré, Pompidou, Chaban-Delmas, Mauroy, Rocard, Cresson, Raffarin, Fillon, Ayrault, Philippe).

Cette démission collective est en outre systématique, en raison d'une *convention de la Constitution*, suite à chaque élection présidentielle ou législative.

Enfin, le principe trouve à s'exprimer par le contreseing par les ministres « *chargés de l'exécution* » de tous les actes du Premier ministre (Const., art. 22) et par des délibérations en conseil des ministres régulières concernant la politique à mener ou à l'occasion de l'engagement de la responsabilité du gouvernement devant l'Assemblée nationale.

b) La responsabilité politique individuelle des ministres

Les constituants n'ont mis en place qu'une responsabilité collégiale des ministres devant le Parlement. La responsabilité politique individuelle des ministres devant l'Assemblée nationale est exclue.

En revanche, la Constitution prévoit en son article 8, alinéa 2 une responsabilité individuelle des ministres devant les deux têtes de l'Exécutif : le président de la République peut mettre fin aux fonctions d'un membre du gouvernement sur la proposition et avec le contreseing du Premier ministre.

Pour aller plus loin

L'instauration d'une responsabilité politique individuelle des ministres devant le Parlement fait débat. Les uns considèrent qu'il est vain de l'instaurer car le Premier ministre fera jouer à plein la solidarité gouvernementale. Les autres estiment qu'elle pourrait permettre de revitaliser le régime parlementaire français dans les cas où le comportement d'un ministre en particulier attise les critiques. Cela éviterait la pénalisation de l'action politique comme seul moyen de sanction d'un ministre.

■ *La responsabilité pénale des membres du gouvernement*

a) Le cas des actes accomplis hors fonctions ou détachables des fonctions

Dans deux hypothèses, le ministre est un justiciable ordinaire. Il relève tant de la procédure pénale que du droit pénal de droit commun. Il en est ainsi :

- lorsque le membre du gouvernement est jugé alors qu'il est ministre mais pour des *actes commis antérieurement à son entrée au gouvernement*, donc accomplis *hors fonctions* ;
- lorsque le ministre est poursuivi pour des faits commis alors qu'il était membre du gouvernement mais qui n'ont pas de rapport « direct avec la conduite des affaires de l'État relevant de ses attributions », mais qui relèvent « des comportements concernant la vie privée ou les mandats électifs locaux » (*Cass. crim., 26 juin 1995, n° 95-82333*). C'est-à-dire des *actes détachables des fonctions*.

Il est fréquent, dans ces hypothèses, que le membre du gouvernement, mis en examen pour des faits susceptibles d'être qualifiés crimes ou délits, démissionne du gouvernement afin de protéger l'institution gouvernementale contre les attaques politiques. Cette pratique est dénommée

« *jurisprudence Bérégovoy-Balladur* » qui l'ont fait appliquer à B. Tapie, M. Roussin, A. Carignon et G. Longuet. Depuis, cette pratique a été suivie avec plus ou moins de constance.

b) Le cas des actes accomplis dans l'exercice des fonctions

La Constitution a été profondément révisée sur ce point le 27 juillet 1993.

L'article 68-1 de la Constitution dispose que « Les membres du gouvernement sont pénalement responsables des actes accomplis dans l'exercice de leurs fonctions et qualifiés crimes ou délits au moment où ils ont été commis ».

Ils sont jugés par la Cour de Justice de la République (CJR), laquelle « est liée par la définition des crimes et délits ainsi que par la détermination des peines telles qu'elles résultent de la loi ». Ainsi donc, les membres du gouvernement bénéficient-ils, en matière criminelle et correctionnelle d'un ***privilège de juridiction*** : ils sont jugés par la CJR. En revanche, s'agissant des simples contraventions, les ministres sont des justiciables ordinaires.

La procédure est la suivante : toute personne s'estimant lésée par un crime ou un délit commis par un membre du gouvernement dans l'exercice de ses fonctions peut porter plainte devant une commission des requêtes. Celle-ci, composée de 3 conseillers à la Cour de cassation, 2 conseillers d'État et 2 conseillers-maîtres à la Cour des comptes, décide le classement – si la requête est manifestement infondée – ou la transmission au Procureur général près la Cour de cassation aux fins de saisine de la CJR en cas contraire. Ces décisions sont insusceptibles de recours.

Si la transmission à la CJR a été décidée, une commission composée de 3 magistrats de la Cour de cassation instruit le dossier dont les décisions peuvent faire l'objet d'un pourvoi en cassation. Si celle-ci a décidé le renvoi, la CJR est alors réunie. Elle est composée de 3 magistrats de la Cour de cassation (dont l'un la préside), et de 6 députés et 6 sénateurs élus par leurs assemblées.

Les affaires jugées par la CJR

9 mars 1999	L. Fabius, G. Dufoix et E. Hervé	***Affaire du sang contaminé*** : L. Fabius et G. Dufoix, respectivement Premier ministre et ministre des Affaires sociales à l'époque des faits, sont relaxés alors qu'E. Hervé, secrétaire d'État à la Santé, est condamné pour atteinte involontaire à la vie, mais il est dispensé de peine.
16 mai 2000	S. Royal	L'ex-ministre chargée de l'Enseignement scolaire est poursuivie pour ***diffamation***, ayant affirmé que des enseignants d'un lycée avaient couvert des actes de bizutage ; la Cour prononce la relaxe.

7 juillet 2004	M. Gillibert	L'ancien secrétaire d'État chargé des handicapés, est condamné, pour ***escroquerie*** au préjudice de l'État, à 3 ans de prison avec sursis, 20 000 euros d'amende, et 5 ans d'inéligibilité.
30 avril 2010	C. Pasqua	L'ancien ministre de l'Intérieur, est condamné à 1 an de prison avec sursis pour complicité d'***abus de biens sociaux*** et complicité ***de recel*** dans une affaire de contrat de matériel de police.
19 décembre 2016	C. Lagarde	L'ex-ministre de l'Économie est condamnée pour ***négligence*** d'une personne dépositaire de l'autorité publique, pour ne pas avoir fait appel d'un arbitrage très favorable à B. Tapie dans le conflit qui l'opposait au Crédit Lyonnais, banque publique à l'époque des faits ; elle est dispensée de peine.
30 septembre 2019	J.-J. Urvoas	L'ex-Garde des Sceaux est condamné à 1 mois de prison avec sursis et 5 000 € d'amende pour avoir transmis des informations à un député, T. Solère, sur le dossier judiciaire qui le concernait.
4 mars 2021	É. Balladur, F. Léotard	*Affaire Karachi* : É. Balladur, ancien Premier ministre, est relaxé mais F. Léotard, ancien ministre de la Défense, est condamné à 2 ans de prison avec suris et 100 000 € d'amende pour des rétrocommissions sur des ventes d'armes.

Plus de 150 plaintes ont été déposées auprès de la commission des requêtes pour de prétendus délits et crimes commis par les ministres lors de la gestion de la pandémie de Covid-19. Une plainte a également été déposée par des syndicats de magistrats contre le ministre de la Justice pour prise illégale d'intérêt et une autre par des militants écologistes contre cinq ministres en raison de l'inaction climatique de l'État. Cette dernière illustre assez bien l'instrumentalisation de cette procédure pénale pour des motifs politiques que l'on rencontre dans nombre de dossiers.

Pour aller plus loin

La CJR est critiquée : lenteur de la procédure, impossibilité pour les victimes de se constituer partie civile, politisation des décisions... F. Hollande et E. Macron ont proposé en vain sa suppression. Selon ces projets, les ministres auraient été responsables des crimes et délits accomplis dans l'exercice de leurs fonctions devant la Cour d'appel de Paris et dans les conditions du droit commun. Toutefois, un inévitable filtrage par une commission des requêtes (similaire à celle existant) aurait été maintenu afin d'éviter les mises en cause abusives.

3 Le rôle du gouvernement et du Premier ministre

Le gouvernement est un organe incontournable pour mettre en œuvre une politique publique. Il dispose pour cela de tout l'arsenal normatif. Le Premier ministre qui le dirige joue ainsi un rôle central au sein des institutions de la Ve République. Mais il a à subir les pressions et demandes constantes des deux autres organes politiques que sont le Président et le Parlement dans la détermination de la politique menée.

■ *La détermination et la conduite de la politique nationale*

Selon l'article 20 de la Constitution, « Le gouvernement détermine et conduit la politique de la nation » (al. 1er). Toutefois, cette disposition est l'une de celles les moins respectées de la Constitution.

a) Le sens de l'article 20, al. 1 de la Constitution

Cette disposition est conforme à la logique du régime parlementaire : les électeurs ont, par leur vote aux élections législatives, soutenu un programme d'action politique ; le gouvernement qui est issu de cette majorité parlementaire met en œuvre ce programme qui bénéficie de la confiance populaire ; il le détermine même en adaptant les vœux programmatiques aux réalités rencontrées et en en fixant les priorités.

Cette logique est même renforcée sous la Ve République par le 2e alinéa de l'article 20 selon lequel le gouvernement « dispose de l'administration et de la force armée ». Ainsi, le gouvernement peut-il effectivement mettre en œuvre les politiques publiques puisqu'il a sous ses ordres l'ensemble des fonctionnaires civils et militaires de l'État qui traduiront en actions les politiques décidées. Le gouvernement est la tête, l'administration est le bras (Macarel).

b) La pratique de l'article 20, al. 1 de la Constitution

La Ve République ayant fortement revalorisé la fonction présidentielle et les titulaires successifs de cette fonction ayant défendu *ab initio* une vision extensive de celle-ci, la relation entretenue entre le président de la République et le gouvernement a bouleversé cette logique parlementaire.

Ce bouleversement a été renforcé par l'élection du Président au suffrage universel direct. Il est élu par le peuple sur un programme : la détermination de la politique nationale va lui échoir.

Toutefois, ce nouvel agencement institutionnel dépend du résultat des élections législatives. Si le parti présidentiel perd ces élections, le gouvernement pourra déterminer et conduire la politique de la nation bénéficiant du soutien des électeurs. ***En cohabitation*** donc, ***le gouvernement détermine et conduit effectivement la politique de la nation***. En revanche, si le parti présidentiel gagne les élections, il a, le plus souvent, défendu les idées de son chef, à savoir le président de la République. Dans ces conditions, ***en période de concordance des majorités, la détermination de la politique nationale relève en réalité du président de la République***.

Ce constat est encore plus net depuis l'instauration du quinquennat en 2000 et l'inversion du calendrier électoral en 2001 : les députés sont élus sous la bannière présidentielle, grâce au soutien qu'ils affichent du Président. Par conséquent, l'Assemblée et le gouvernement abandonnent au Président la détermination de la politique nationale. Ainsi, pour F. Fillon « le rôle du chef du gouvernement et le rôle des ministres, c'est de mettre en œuvre scrupuleusement le projet politique de Nicolas Sarkozy ». De même, J. Castex affirme : « Dans nos institutions, le chef de l'État fixe le cap ; le Premier ministre assure sa mise en œuvre en accord avec la majorité parlementaire ».

Ces propos font écho à ceux de F. Mitterrand qui considérait, bien avant le quinquennat, que « *la Charte de l'action gouvernementale* » était l'application du programme sur lequel il avait été élu.

Quant à la « *conduite* » de la politique de la nation, elle reste essentiellement entre les mains du gouvernement et du Premier ministre car ils disposent des moyens juridiques permettant la mise en œuvre des politiques décidées. Cependant, il est aussi apparu que, plus ou moins ponctuellement, les Présidents successifs prennent la direction de la conduite de la politique menée. Ch. De Gaulle pour les affaires africaines et G. Pompidou pour la politique industrielle, par exemple, ont véritablement conduit lesdites politiques.

Parfois l'inclination personnelle d'un Président le pousse à un interventionnisme plus prononcé encore réduisant alors le rôle du gouvernement et du Premier ministre à celui de simple « ***collaborateur*** » (N. Sarkozy).

■ *L'élaboration des règles de droit*

a) Le rôle du gouvernement dans la procédure législative

Pour le déroulement chronologique de la procédure législative et le rôle du Parlement, v. Chapitre 6.

Bien que le Parlement soit l'auteur de la loi, le gouvernement dispose de tant de prérogatives lui permettant de peser sur le contenu et les modalités de la procédure législative que les lois apparaissent souvent comme les instruments de la politique gouvernementale. Quantité de dispositifs lui permettent de véritablement diriger la procédure législative dès lors que l'article 31 de la Constitution permet aux membres du gouvernement d'accéder aux enceintes parlementaires et d'y prendre la parole quand ils le demandent. Ses pouvoirs lui permettent de ***proposer ou modifier un texte*** (fonction n° 1 ci-dessous), ***préserver l'intégrité d'un texte*** (n° 2), ***lutter contre l'obstruction parlementaire*** (n° 3) et d'***accélérer la procédure législative*** (n° 4).

Disposition constitutionnelle	Objet	Fonction
Art. 39	Le Premier ministre a l'***initiative des lois***.	n° 1
Art. 40	Le gouvernement peut soulever l'***irrecevabilité financière*** d'une proposition de loi ou d'un amendement parlementaire.	n° 2 et 3
Art. 41	Le gouvernement peut opposer l'***irrecevabilité à une proposition de loi ou à amendement*** qui ne serait pas du domaine de la loi.	n° 2 et 3
Art. 42	Le ***texte débattu*** en séance publique est en principe celui élaboré par la commission parlementaire compétente. Toutefois, pour certains textes, il s'agit du projet tel que déposé sur le bureau de la 1re assemblée saisie : projets de révision, projets de loi de finances, projets de loi de financement de la sécurité sociale.	n° 2
Art. 44, al. 1	Les membres du gouvernement disposent du ***droit d'amendement***.	n° 1 et 2
Art. 44, al. 2	Le gouvernement peut opposer l'***irrecevabilité à tout amendement déposé en séance publique*** qui n'a pas été antérieurement soumis à la commission parlementaire compétente.	n° 2 et 3
Art. 44, al. 3	Le « ***vote bloqué*** » : il permet au gouvernement de demander à une assemblée de statuer par un seul vote sur tout ou partie du texte en discussion en ne retenant que les amendements proposés ou acceptés par le gouvernement.	n° 2, 3 et 4
Art. 45, al. 2	Le gouvernement peut engager la ***procédure accélérée***. Celle-ci a pour effet, d'une part, de priver les commissions parlementaires en 1re lecture des délais de 6 et 4 semaines prévus à l'art. 42, Const. D'autre part, elle permet la réunion d'une commission mixte paritaire après une seule lecture dans chaque assemblée. Les Conférences des présidents des deux assemblées peuvent s'y opposer conjointement. Le Premier ministre peut, après deux lectures dans chaque assemblée, convoquer une ***commission mixte paritaire*** chargée de proposer un texte sur les dispositions restant en discussion.	n° 4
Art. 45, al. 3	Le gouvernement peut soumettre aux assemblées le texte élaboré par la commission mixte paritaire et les amendements qu'il a acceptés.	n° 4
Art. 45, al. 4	Le gouvernement peut, après une nouvelle lecture suivant l'intervention de la commission mixte paritaire, demander à l'Assemblée nationale de statuer seule si un désaccord persiste entre les deux chambres. C'est la procédure du « ***dernier mot*** » à l'Assemblée.	n° 4

Art. 48	Le gouvernement dispose de 2 semaines de séances sur 4 de l'***ordre du jour*** des assemblées : il peut faire examiner les textes dans l'ordre qui lui convient. En pratique, ces 2 semaines sont un minimum.	n° 1 et 4
Art. 49, al. 3	Le Premier ministre peut, devant l'Assemblée nationale et après délibération du conseil des ministres, ***engager la responsabilité du gouvernement sur un projet*** **de loi** de finances, un projet de loi de financement de la sécurité sociale ou sur un autre texte par session. Dans ce cas, il est mis fin à la discussion et le texte est considéré comme adopté par l'Assemblée sauf si une motion de censure, déposée dans les 24 heures suivant l'engagement de responsabilité, est adoptée à la majorité absolue des membres la composant en ne retenant que les votes favorables à la motion.	n° 2, 3 et 4

L'usage de tous ces dispositifs au sein de la même procédure législative a pour effet de largement priver le Parlement de son pouvoir délibérant. En outre, le fait majoritaire et la discipline de vote qui l'accompagne risquent d'accentuer encore le sentiment qu'ont les parlementaires d'une trop forte domination gouvernementale de la procédure législative, même si la rationalisation de celle-ci a été quelque peu allégée par la révision du 23 juillet 2008.

L'article 49, alinéa 3 de la Constitution

Disposition emblématique du parlementarisme rationalisé, l'article 49, alinéa 3 de la Constitution permet de lier le sort du gouvernement et d'un texte sur lequel le Premier ministre engage la responsabilité du gouvernement. Tirant son origine du projet Gaillard adopté à la fin de la IVe République, ce dispositif était très peu encadré avant la révision du 23 juillet 2008. Désormais, le Premier ministre, après délibération du conseil des ministres, ne peut en faire usage que sur les projets de lois de finances, les projets de lois de financement de la sécurité sociale et un autre projet ou une proposition par session.

On peut recourir à cet article soit pour faire appel à la discipline de la majorité, soit pour ménager celle-ci qui n'a ainsi pas à voter en faveur d'une loi souhaitée par le gouvernement mais impopulaire, puisque l'absence de motion de censure a pour conséquence le fait que la loi est « considérée comme adoptée », soit, enfin, pour briser l'obstruction parlementaire puisque, dès que le Premier ministre en fait usage, il est mis fin aux débats parlementaires sur la loi en question. À ce jour, on dénombre 89 utilisations de ce dispositif ; la dernière en 2020 sur le projet de loi « retraite ».

Sur les conditions du vote de la motion de censure, v. Chapitre 6.

b) L'exercice du pouvoir réglementaire

Un règlement est un acte administratif unilatéral de portée générale et impersonnelle. Même si, en pratique, il n'existe presque plus qu'une seule catégorie de pouvoir réglementaire, la Constitution en consacre deux qui sont essentiellement aux mains du Premier ministre.

1) Le pouvoir réglementaire autonome

Il s'agit du pouvoir réglementaire qui ***intervient hors de toute loi*** ; il porte donc sur des matières qui ne relèvent pas du domaine de la loi. La Constitution consacre, en effet, un domaine de la loi, principalement mais non exclusivement visé à l'article 34 de la Constitution. De son côté, l'article 37, alinéa 1, dispose que « les matières autres que celles qui sont du domaine de la loi ont un caractère réglementaire ».

Le titulaire de ce pouvoir réglementaire autonome est le Premier ministre sous réserve de la compétence du Président pour les décrets délibérés en Conseil des ministres (Const., art. 13). Il agit par voie de décrets qui font l'objet du contreseing des ministres chargés de l'exécution.

Ces règlements autonomes ont une valeur infralégislative (*CE, ass., 26 juin 1959, n° 92099*), comme les règlements dérivés. D'ailleurs, la pratique et la jurisprudence ont contribué à un rapprochement très net des deux pouvoirs réglementaires (v. Chapitre 6) si bien qu'aujourd'hui les règlements autonomes ont quasiment disparu : ***la loi met en cause les principes qui régissent une matière et le règlement les met en œuvre***.

2) Le pouvoir réglementaire dérivé

Il s'agit du pouvoir réglementaire ***intervenant pour compléter et préciser la loi***, conditionnant ainsi sa pleine et entière mise en application. Sa forme la plus éclatante est le « ***décret d'application*** ».

Ce pouvoir est principalement entre les mains du Premier ministre (Const., art. 21 : « *Il assure l'exécution des lois* »). Toutefois, le président de la République dispose aussi d'une part de celui-ci dans la mesure où il est compétent pour signer les « *décrets délibérés en conseil des ministres* » (Const., art. 13). Habituellement, le Premier ministre délègue une part importante de ce pouvoir aux membres du gouvernement qui n'en disposent que par délégation.

Même si l'on constate une amélioration sensible, il arrive encore que des lois tardent à être mises en application faute d'intervention du pouvoir réglementaire dérivé. Or, comme le relate la circulaire du Premier ministre du 29 février 2008, « veiller à la rapide et complète application des lois répond à une triple exigence de démocratie, de sécurité juridique et de responsabilité politique ». Le juge administratif admet la responsabilité de l'État pour faute si les règlements d'application d'une loi ne sont pas pris dans un délai raisonnable (*CE, ass., 27 nov. 1964, n° 54962*).

c) Les ordonnances de l'article 38 de la Constitution

Une ordonnance est un ***acte pris par le pouvoir exécutif dans le domaine de la loi*** car il y a été ***autorisé par le Parlement***.

C'est le pouvoir exécutif qui est l'auteur de l'ordonnance. En effet, le gouvernement est autorisé à agir pour l'exécution de son programme grâce au vote par le Parlement d'une loi d'habilitation qu'il a proposée ; mais, c'est, en définitive, le président de la République qui signe les ordonnances.

Pour éviter une dépossession totale du Parlement, certaines garanties existent :

- ***l'habilitation ne peut être générale*** ; elle doit viser très strictement les matières précises dans lesquelles le gouvernement peut agir ;
- la loi d'habilitation comporte un premier délai correspondant au ***délai pendant lequel le gouvernement est autorisé à agir*** par voie d'ordonnances dans le domaine de la loi ;
- la loi d'habilitation comporte un ***second délai avant l'expiration duquel le Premier ministre doit déposer sur le bureau d'une des assemblées un projet de loi de ratification de l'ordonnance*** sous peine de caducité de celle-ci, ce qui permet au Parlement de vérifier comment le gouvernement a agi (si ce délai n'est pas mentionné dans la loi d'habilitation, elle est inconstitutionnelle : *Cons. const., 21 janv. 2016, n° 2015-727 DC*).

Pour aller plus loin

Pour pouvoir agir par voie d'ordonnances, le gouvernement doit y être habilité par le Parlement. Traditionnellement, le Parlement vote une loi dite d'habilitation pour cela. Mais désormais les habilitations à agir par voie d'ordonnances se cachent plutôt dans des articles de loi ordinaires, de sorte qu'il est plus difficile de les comptabiliser. La loi du 23 mars 2020 d'urgence sanitaire pour faire face à l'épidémie de covid-19 contient près de 60 habilitations à agir par voie d'ordonnances. La pandémie a d'ailleurs causé une inflation inquiétante du nombre d'ordonnances puisqu'en 2020 elles ont été 2 fois et demie plus nombreuses que les lois promulguées.

Une ***ordonnance a valeur réglementaire à compter de son édiction***. Elle acquiert ***valeur législative dès qu'elle fait l'objet d'une ratification expresse par le Parlement*** (*CE, ass., 24 nov. 1961, n° 48841*). Mais le Conseil constitutionnel affirme même désormais que ***les dispositions d'une ordonnance non ratifiée doivent être regardées comme législatives une fois le délai d'habilitation expiré*** (*Cons. const., 28 mai 2020, n° 2020-843 QPC*).

Toutefois, le Conseil d'État considère qu'il peut toujours être saisi du contentieux des ordonnances une fois le délai d'habilitation expiré s'il est invoqué soit l'inconventionnalité de celle-ci, soit même sa non-conformité à une autre disposition constitutionnelle qu'un droit ou une liberté (*CE, ass., 16 décembre 2020, n° 440258*). Ainsi, le contentieux des ordonnances peut-il être schématisé de cette manière.

Le régime contentieux des ordonnances de l'article 38 de la Constitution

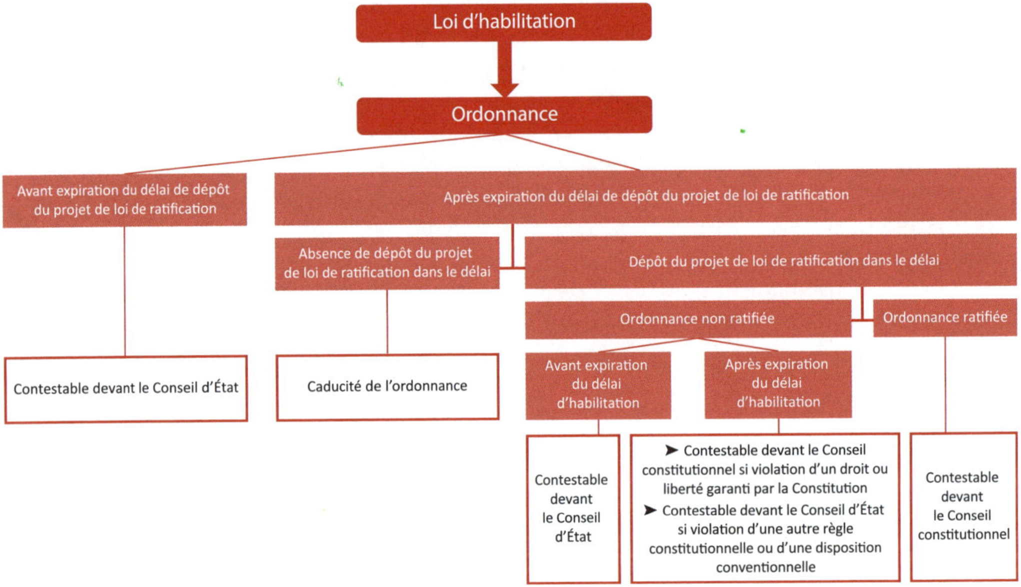

La pratique du recours aux ordonnances fait l'objet de nombreuses critiques :

– l'habilitation est parfois un leurre car le gouvernement a tant pesé dans l'adoption de la loi d'habilitation par le Parlement que le consentement parlementaire semble plutôt contraint. Pierre Marcilhacy avait une formule à ce sujet : « 38 + 49.3 = 16 bis » ;
– la Constitution n'imposant que le dépôt d'un projet de loi de ratification pour éviter la caducité des ordonnances, le Premier ministre peut se contenter de déposer ce projet, mais sans le faire inscrire à l'ordre du jour des assemblées ;

– enfin, depuis le début des années 2000 un recours massif aux ordonnances interroge sur la raison d'être du Parlement. Pour lutter contre la Covid-19, en 2020, le Gouvernement a pris 99 ordonnances dans quantité de domaines.

Les ordonnances sous la Vᵉ République

Disposition de la Constitution	Objet	Habilitation	Ratification
Art. 38	Intervenir dans le domaine de la loi pour l'application de son programme.	Loi d'habilitation adoptée par le Parlement.	Simple obligation de ***dépôt*** d'un projet de loi de ratification dans un délai fixé dans la loi d'habilitation.
Art. 47 et 47-1	Mise en œuvre des dispositions du projet de loi de finances ou du projet de loi de financement de la sécurité sociale lorsqu'ils n'ont pas été adoptés dans les délais constitutionnels (v. Chapitre 6).	Habilitation permanente par la Constitution.	Non.
Art. 74-1	Adapter ou étendre les règles législatives métropolitaines aux collectivités d'outre-mer visées à l'art. 74 de la Constitution et en Nouvelle-Calédonie.	Habilitation permanente par la Constitution.	Ratification par le Parlement dans les 18 mois suivant leur publication sous peine de caducité.
Art. 11	Non prévues par la Constitution, elles sont issues des référendums de 1961 et avril 1962 par lesquels les Français ont habilité le général De Gaulle à régler les questions algériennes.	Loi d'habilitation adoptée par référendum.	Le Conseil d'État leur a appliqué le régime juridique des ordonnances de l'art. 38 (*CE, ass., 19 oct. 1962, n° 58502, Canal, Robin et Godot*).
Art. 92	Mise en place des institutions de la Vᵉ République.	Habilitation par la Constitution pour une durée de 4 mois.	Non.

■ *Les attributions propres au Premier ministre*

Le Premier ministre « dirige l'action du gouvernement » (Const., art. 21). C'est son rôle essentiel mais il peine à l'exercer pleinement en période de concordance tant le Président apparaît comme le véritable chef du gouvernement. Ainsi, De Gaulle disait-il en 1962 : « N'employez pas l'expression "chef du gouvernement" pour parler du Premier ministre. Le chef du gouvernement, c'est moi. Le Premier ministre est le premier des ministres, *primus inter pares*, il coordonne leur action, mais il le fait sous la responsabilité d'un président de la République qui dirige l'exécutif sans partage ». En période de cohabitation, il est, cette fois, le véritable chef du gouvernement.

Ses attributions sont nombreuses :

- ***direction et coordination de l'action gouvernementale*** : direction des travaux du gouvernement, arbitrages, suppléance du président de la République dans la présidence du Conseil des ministres et des conseils et comités supérieurs de la défense nationale, exercice du pouvoir réglementaire, nomination aux emplois civils et militaires (Const., art. 21) ;
- ***pouvoir d'initiative ou de proposition à l'égard du président de la République*** : proposition de révision de la Constitution (Const., art. 89), proposition de nomination des membres du gouvernement (Const., art. 8), demande d'ouverture d'une session extraordinaire du Parlement (Const., art. 29) ;
- ***pouvoir d'initiative ou de décision à l'égard du Parlement*** : initiative de la loi (Const., art. 39), convocation d'une commission mixte paritaire (Const., art. 45) demande de jours supplémentaires de séance (Const., art. 28), engagement de la responsabilité du gouvernement devant l'Assemblée nationale et demande d'approbation par le Sénat d'une déclaration de politique générale (Const., art. 49) ;
- ***pouvoir de saisine du Conseil constitutionnel*** : il le saisit des lois organiques et peut le saisir pour apprécier la constitutionnalité d'une loi (Const., art. 61) ou d'un traité (Const., art. 54) ;
- ***pouvoir consultatif*** : il est consulté par le Président en cas de dissolution de l'Assemblée nationale (Const., art. 12) et de mise en œuvre des pouvoirs exceptionnels (Const., art. 16).

À ces pouvoirs, il convient d'ajouter un pouvoir politique réel de ***direction de la majorité parlementaire***. Ce pouvoir, qui est exercé plus pleinement en période de cohabitation qu'en concordance, est important pour faire jouer à plein le fait majoritaire.

Édouard Philippe avait résumé son rôle en disant : « Le rôle du Premier ministre est de diriger l'action du gouvernement, de rendre des arbitrages et de mettre en œuvre les orientations stratégiques fixées par le Président et être le chef de la majorité parlementaire ».

Chapitre 6

Le Parlement

La montée en puissance de l'Exécutif a longtemps conduit à conclure au « déclin » du Parlement sous la Vᵉ République. Toutefois, il reste un organe fondamental de la démocratie française puisque c'est le résultat des élections législatives qui conditionne la politique à mener. Et depuis la fin du xxᵉ siècle les constituants cherchent à revaloriser le Parlement par différentes réformes. Mais la révision du 23 juillet 2008 n'ayant pas atteint ses objectifs sur ce point, de nouvelles pistes sont explorées.

1 Le statut des parlementaires

Les modalités de désignation des parlementaires font de ces derniers les représentants de la nation française. Par conséquent, le mandat qu'ils détiennent doit être protecteur afin de leur permettre une réelle liberté dans son accomplissement. La Constitution impose « le respect de la liberté des membres du Parlement dans l'exercice de leur mandat » (*Cons. const., 11 mai 2020, n° 2020-800 DC* ; *CE, ord., 2 juin 2020, n° 440787*).

■ *L'élection des parlementaires*

Aux termes de l'article 24 de la Constitution, le Parlement est composé de l'Assemblée nationale et du Sénat. Il s'agit donc d'un Parlement bicaméral.

a) Les élections législatives

1) Le mode de scrutin

Les députés sont élus au suffrage universel direct pour un mandat de 5 ans.

Les gouvernants ont fait le choix (ordonnance du 13 octobre 1958 et loi du 11 juillet 1986) d'une élection au ***scrutin uninominal majoritaire à deux tours*** (sauf les législatives de 1986 qui, aux termes de la loi du 10 juillet 1985, se sont déroulées à la représentation proportionnelle à la plus forte moyenne), entretenant ainsi la bipolarisation de la vie politique et le fait majoritaire (v. Chapitre 3).

Pour être élu dès le 1er tour, il faut recueillir la majorité absolue des suffrages exprimés et un nombre de voix au moins égal à 25 % des électeurs inscrits (C. élect., art. L. 126). À défaut, un 2nd tour est organisé une semaine plus tard auquel ne peuvent prendre part que les candidats ayant obtenu un nombre de suffrages au moins égal à 12,5 % du nombre des électeurs inscrits (C. élect., art. L. 162). Pour être élu au 2nd tour, la majorité relative suffit.

Pour aller plus loin

Ce mode de scrutin est discuté d'une façon générale et sur un point particulier.

Globalement, il lui est reproché de ne pas permettre la représentation d'une frange importante de la population. C'est pourquoi certains plaident en faveur d'un scrutin proportionnel pour élire l'intégralité des députés. Mais la représentation proportionnelle est, aussi, largement critiquable (inefficacité politique, « arrangements » partisans, dilution du lien avec les électeurs...). D'autres, souhaitent seulement l'introduction d'une ***dose de proportionnelle*** afin de limiter cet effet du mode de scrutin (v. Chapitre 3). Ainsi, le gouvernement d'É. Philippe a-t-il suggéré d'élire 20 % des députés de manière proportionnelle et de maintenir le scrutin majoritaire pour les autres. Évidemment souhaitable en ce qu'elle permettrait une meilleure représentation de différentes sensibilités politiques, cette possible réforme pose néanmoins la question de la stabilité des institutions si elle fait disparaître le fait majoritaire.

Une autre critique concerne l'élection des ***députés des Français de l'étranger***. Les 2 millions de Français expatriés à l'étranger sont représentés à l'Assemblée nationale et au Sénat. Mais les 11 députés chargés de les représenter sont élus de la même façon que les autres. Or, cela aboutit à des circonscriptions très vastes (par ex. une circonscription pour un tiers du globe : Asie et Océanie). Comme le relève la commission Jospin : « L'idée même d'un lien entre les électeurs et leur député semble largement illusoire ». Les élire à la représentation proportionnelle serait sans aucun doute plus adapté.

2) *Le découpage des circonscriptions*

Le caractère uninominal du scrutin impose de découper la France en autant de circonscriptions qu'il y a de députés à élire, soit 577. Cette opération de découpage implique, intellectuellement, le respect de ***deux exigences :***

– d'une part, il faut que ce ***découpage repose sur des bases essentiellement démographiques*** : les circonscriptions doivent rassembler un nombre similaire d'habitants et ce découpage doit faire l'objet d'actualisations régulières afin de tenir compte des évolutions de la population ;

– d'autre part, une ***certaine neutralité politique doit présider au découpage*** afin de ne pas favoriser un camp par rapport à un autre.

Cependant, ces exigences démocratiques ordinaires ne sont pas parfaitement respectées. En effet :

– les ***découpages ne sont pas renouvelés fréquemment***. Le Conseil constitutionnel s'en est ému car la représentation nationale reposait en 2007 sur des bases établies lors d'un recensement de la population effectué en 1982 ! Le dernier découpage des circonscriptions pour les élections législatives date d'une ordonnance du 29 juillet 2009 ;

– si le Conseil constitutionnel a validé la méthode de travail selon laquelle le nombre d'habitants d'une circonscription ne doit pas être supérieur ou inférieur de plus de 20 % à la moyenne de population des circonscriptions d'un même département, cette règle laisse exister ***des écarts de population importants entre circonscriptions de départements différents***. Il résulte du droit positif qu'il y a un député par tranche de 125 000 habitants. Ainsi un département de 130 000 habitants a le même nombre de députés (2) que celui rassemblant 240 000 habitants ;

– c'est au législateur qu'il revient d'opérer le découpage des circonscriptions, tâche qu'il confie souvent au gouvernement qui y procède par voie d'ordonnances. La tentation est ainsi de ***favoriser les candidats des partis soutenant le gouvernement***. Pour y remédier, la révision du 23 juillet 2008 a mis en place une commission indépendante chargée d'émettre un avis public sur « les projets de texte et propositions de loi délimitant les circonscriptions pour l'élection des députés ou modifiant la répartition des sièges de députés ou de sénateurs » (Const., art. 25). Mais elle ne formule qu'un avis ; elle ne procède pas elle-même au découpage.

3) *Les conditions d'éligibilité*

À titre principal, il faut, pour être candidat aux élections législatives, remplir les conditions pour pouvoir être électeur : ***avoir 18 ans (L. org. n° 2011-410, 14 avr. 2011), être de nationalité française et jouir de ses droits civils et politiques***. Toutefois, le Code électoral prévoit de multiples inéligibilités, totales ou partielles, notamment pour les candidats ou les élus n'ayant pas respecté les règles de financement des campagnes électorales (v. Chapitre 3).

En outre, depuis la loi n° 2017-1339 du 15 septembre 2017, une ***inéligibilité semi-automatique*** d'un maximum de 10 ans frappe les ***personnes reconnues coupables de certains crimes et délits violents ou portant atteinte à la probité***. Le juge peut néanmoins écarter cette inéligibilité en tenant compte des particularités du dossier.

b) Les élections sénatoriales

1) Le mode de suffrage et les modes de scrutin

Les sénateurs sont élus au ***suffrage indirect*** (Const., art. 24) par les députés, les sénateurs, les conseillers départementaux, les conseillers régionaux élus dans la section départementale considérée, les conseillers à l'assemblée de Guyane et à celle de Martinique et des délégués des conseils municipaux (soit environ 160 000 électeurs dont 95 % sont des délégués des conseils municipaux).

La manière dont le Code électoral (art. L. 284 et s.) répartit le nombre de délégués des conseils municipaux favorise les petites communes. Ainsi 100 communes de 100 habitants auront droit chacune à un délégué au sein du collège électoral sénatorial (soit pour 10 000 habitants, 100 délégués) quand une commune de 10 000 habitants n'aura droit qu'à 33 délégués ! Si la loi du 2 août 2013 a apporté une légère correction en faveur des grandes villes, les communes de moins de 10 000 habitants, qui regroupent 50 % de la population française, fournissent 69 % des délégués des conseils municipaux pour l'élection des sénateurs.

Si la Constitution dispose que le Sénat « assure la représentation des collectivités territoriales de la République » (Const., art. 24), il résulte de ce qui précède qu'il assure essentiellement la représentation des communes, et plus spécialement des petites communes.

Le mode de scrutin utilisé pour les élections sénatoriales dépend du nombre de sénateurs à élire dans le département :

- si le département élit ***1 ou 2 sénateurs***, l'élection a lieu au ***scrutin majoritaire à deux tours*** (uninominal si un seul sénateur est à élire, plurinominal s'il y en a 2) ;
- si le département élit ***3 sénateurs ou plus***, l'élection se déroule à la ***représentation proportionnelle*** à la plus forte moyenne.

Ces modalités de désignation des sénateurs ont abouti à une représentation sénatoriale où l'alternance politique était inconnue (sauf de 2011 à 2014 où la gauche a pu être majoritaire au Sénat pour la première fois sous la Ve République).

Cette constance est renforcée par une caractéristique supplémentaire du Sénat : il ne fait pas l'objet d'un renouvellement intégral à chaque élection. En effet, les 348 sénateurs sont élus pour 6 ans et sont renouvelés par moitié tous les 3 ans (loi org. du 30 juillet 2003).

2) Les conditions d'éligibilité

La principale différence avec les conditions d'éligibilité des députés tient à ce que l'âge d'éligibilité des sénateurs soit fixé à 24 ans minimum. En outre, dans les départements élisant au moins 3 sénateurs, les listes de candidats doivent impérativement comporter une alternance entre candidats de sexes différents. Les autres conditions d'éligibilité sont identiques à celles des députés.

■ *Les incompatibilités parlementaires*

Les incompatibilités interdisent de cumuler certains mandats ou fonctions et non, à la différence de l'inéligibilité, de se présenter à une élection. ***Le parlementaire doit alors choisir entre son mandat national et l'autre ou les autres mandats ou fonctions***. Si un parlementaire est en situation d'incompatibilité, il pourra, après un délai pour choisir, être déclaré démissionnaire d'office par le Conseil constitutionnel.

Les incompatibilités ont pour but de protéger l'indépendance des parlementaires y compris contre eux-mêmes. Elles sont nombreuses. À titre principal, il est interdit à un parlementaire de cumuler son mandat avec :

- ***plus d'un mandat local*** (L. n° 2000-285, 5 avr. 2000) sachant que la loi dresse une liste précise des mandats concernés ; et le ***mandat parlementaire*** est également ***incompatible avec tout mandat exécutif local*** (L. org. n° 2014-125, 14 févr. 2014),
- des fonctions de ***membre du gouvernement*** (Const., art. 23) ;
- le statut de ***membre de la fonction publique en exercice*** : le fonctionnaire élu au Parlement doit alors être placé en position de « disponibilité » (C. élect., art. LO 142 et LO 151-1) ;
- l'exercice de ***fonction de dirigeant d'entreprise entretenant des relations financières avec des collectivités publiques*** (C. élect., art. LO 146) ;
- enfin, l'exercice d'une ***activité de conseil*** par un parlementaire est désormais très ***encadré*** (L. org. n° 2017-1338, 15 sept. 2017).

■ *L'immunité parlementaire*

L'immunité assure l'indépendance d'esprit du parlementaire qui n'a pas à craindre les foudres d'un pouvoir vengeur contre les positions qu'il a pu prendre dans le cadre de son activité politique. Celle-ci, organisée par l'article 26 de la Constitution, se décompose en deux parties.

a) L'irresponsabilité

En vertu de l'article 26, alinéa 1er de la Constitution : « Aucun membre du Parlement ne peut être poursuivi, recherché, arrêté, détenu ou jugé à l'occasion des opinions ou votes émis par lui dans l'exercice de ses fonctions ».

Il s'agit donc d'une immunité pour les propos et votes accomplis dans l'exercice des fonctions. Cette irresponsabilité est absolue, elle ne peut être levée, car elle a plus pour fonction de protéger l'institution parlementaire que de protéger le parlementaire lui-même. Comme l'énonce la Cour européenne des droits de l'Homme : « précieuse pour chacun, la liberté d'expression l'est tout particulièrement pour un élu du peuple [dans la mesure où] il représente ses électeurs, signale leurs préoccupations et défend leurs intérêts » (*CEDH, 23 avr. 1992, Castells c/Espagne*).

Les parlementaires restent susceptibles d'être sanctionnés disciplinairement par leur assemblée si, par leurs propos ou leurs comportements outranciers, ils portent atteinte à l'institution à laquelle ils appartiennent (P. Henriet qualifiant une députée de « poissonnière » en 2021 ; J. Lassalle portant un gilet jaune en 2018...). Ces sanctions ne peuvent être contestées devant le juge administratif (*TA Paris, 24 juin 2015, n° 1500257*).

b) L'inviolabilité

L'inviolabilité protège le parlementaire pour les actes qu'il accomplit hors de ses fonctions. Elle le protège donc pour ***les actes de sa vie privée mais aussi ceux de sa vie publique qui ne se rattachent pas directement à son activité parlementaire*** (campagne électorale par exemple).

Cette protection du parlementaire n'est pas absolue. D'une part, ***elle peut être levée par décision du Bureau de l'assemblée dont il est membre*** et, d'autre part, elle n'est pas un rempart contre tous les actes judiciaires mais seulement contre certains d'entre eux : « Aucun membre du Parlement ne peut faire l'objet, en matière criminelle ou correctionnelle, d'une arrestation ou de toute autre mesure privative ou restrictive de liberté qu'avec l'autorisation du bureau de l'assemblée dont il fait partie. Cette autorisation n'est pas requise en cas de crime ou délit flagrant ou de condamnation définitive » (Const., art. 26, al. 2).

L'assemblée à laquelle il appartient peut demander que les mesures privatives ou restrictives de liberté ou les poursuites contre un parlementaire soient suspendues le temps de la session parlementaire. Le dernier usage de cette suspension date de 1997 et concernait alors M. Charasse.

■ *L'indemnité parlementaire*

Celle-ci est le corollaire nécessaire du suffrage universel car elle garantit que l'accès aux mandats parlementaires ne sera pas réservé aux mieux lotis financièrement. Elle a également pour but d'assurer l'indépendance financière des parlementaires.

Son montant correspond à la ***moyenne du traitement le plus élevé et du traitement le plus bas des emplois hors échelle de l'État*** (Ord. org. n° 58-1210, 13 déc. 1958).

<table>
<tr><th>Indemnité</th><th>Montant</th><th>Usage</th><th>Contrôle</th><th>Fiscalité</th></tr>
<tr><td>Indemnité de base</td><td>5 623,23 €</td><td rowspan="5">Libre</td><td rowspan="5">Aucun</td><td rowspan="5">Imposable (impôt sur le revenu)</td></tr>
<tr><td>Indemnité de résidence (3 %)</td><td>168,70 €</td></tr>
<tr><td>Indemnité de fonction (25 % des deux précédentes)</td><td>1 447,98 €</td></tr>
<tr><td>Total brut</td><td>7 239,91 €</td></tr>
<tr><td>Total net</td><td>5 715,43 € à l'Assemblée
5 380,72 € au Sénat</td></tr>
<tr><td>Avance de frais de mandat</td><td>5 373 € à l'Assemblée
5 900 € au Sénat</td><td>Paiement des frais liés à l'exercice du mandat</td><td>Justificatifs contrôlés par le Déontologue de l'Assemblée ou par le Comité de déontologie du Sénat</td><td>Non imposable</td></tr>
<tr><td>Crédit collaborateurs</td><td>10 581 € à l'Assemblée
8 402,85 € au Sénat</td><td>Rémunération des collaborateurs</td><td>Contrôles du droit commun : le parlementaire est employeur</td><td>Non imposable pour le parlementaire. Collaborateurs imposés sur leurs revenus</td></tr>
</table>

2 L'organisation du Parlement

Les assemblées peuvent s'organiser par l'intermédiaire de leur règlement. Mais elles ne bénéficient pas d'une totale liberté d'organisation. En effet, d'une part, les règlements des assemblées sont obligatoirement soumis au strict contrôle du Conseil constitutionnel et, d'autre part, la Constitution leur a imposé certaines contraintes, traces de rationalisation du parlementarisme.

La Conférence des présidents

Il s'agit de l'un des organes dirigeants de chaque assemblée. Elle est constituée du président de l'assemblée concernée, des vices-présidents, des présidents des commissions (permanentes et des affaires européennes), des présidents des groupes politiques et des rapporteurs généraux des commissions des finances et des affaires sociales. Son rôle est d'organiser les travaux de l'assemblée ; elle a donc un rôle très actif dans la fixation de l'ordre du jour.

Au cours de la crise du covid-19, elles ont pris plus d'importance encore car ce sont elles qui ont adapté les modalités de fonctionnement des assemblées : jauge de parlementaires, visioconférences, organisation des délégations de vote...

■ *Les sessions parlementaires*

Une session parlementaire est la période durant laquelle une assemblée peut tenir des séances durant une année.

a) La session ordinaire

Au début de la Ve République, il existait deux sessions ordinaires par an. Le Parlement siégeait « *à mi-temps* » (A. Chandernagor) car ces sessions ne duraient que quelques mois chacune.

Depuis la révision constitutionnelle du 4 août 1995, il n'existe plus qu'une session ordinaire par an se déroulant du ***1er jour ouvrable d'octobre au dernier jour ouvrable de juin***. Durant cette période, les assemblées ne peuvent tenir que 120 jours de séance. Toutefois, le Premier ministre, après consultation du président de l'assemblée concernée, ou la majorité des membres de chaque assemblée, peut décider la tenue de jours supplémentaires de séance (Const., art. 28). Ils sont devenus assez fréquents. De même, des séances supplémentaires peuvent être ouvertes pour permettre l'application de l'art. 49, de la Constitution en fin de session (Const., art. 51).

b) Les sessions extraordinaires

Lorsque le Parlement a besoin de siéger davantage, ***le président de la République peut décider d'ouvrir une session extraordinaire du Parlement à la demande soit du Premier ministre, soit de la majorité absolue des membres composant l'Assemblée nationale***.

Ces sessions extraordinaires ont lieu sur un ordre du jour déterminé. Elles durent jusqu'à épuisement de celui-ci lorsqu'elles sont convoquées à la demande du Premier ministre et au plus tard 12 jours après son ouverture si elles sont réunies à la demande des députés (Const., art. 29).

Le président de la République, au prix d'une interprétation contestable (G. Berlia) des dispositions des articles 29 et 30 de la Constitution s'est arrogé le pouvoir de refuser d'ouvrir une session extraordinaire (De Gaulle en 1960, Mitterrand en 1987) et de retrancher des points de son ordre du jour (Mitterrand en 1993).

Ces sessions extraordinaires demeurent très fréquentes aux mois de juillet et septembre malgré l'instauration de la session unique pourtant censée mieux répartir le temps de travail des parlementaires.

c) Les réunions spéciales

Dans des situations précises, ***le Parlement est réuni de plein droit*** pour faire face à cette conjoncture exceptionnelle. Trois cas sont recensés dans la Constitution :

- lorsque le président de la République souhaite adresser un ***message au Parlement*** (Const., art. 18), le Parlement est réuni spécialement pour écouter le message présidentiel si le Parlement n'est pas en session ;
- en cas de ***dissolution*** de l'Assemblée nationale, la nouvelle assemblée élue se réunit le 2e jeudi qui suit son élection pour une durée de 15 jours si le Parlement n'est pas en session à cette date ou jusqu'à la fin de la session dans le cas inverse (Const., art. 12) ;
- en cas de ***circonstances exceptionnelles*** (v. Chapitre 4), le Parlement est réuni de plein droit pendant toute la durée d'application de l'article 16 de la Constitution.

■ *Les commissions parlementaires*

Il existe différents types de commissions chargées d'activités diverses. Quatre catégories ont un rôle constitutionnel important.

a) Les commissions permanentes

Ce sont des assemblées en miniature (composées à la proportionnelle des groupes) chargées, d'une part, d'une fonction législative et, d'autre part, d'une fonction de contrôle. En effet, elles préparent le travail législatif de la séance publique en examinant les textes sous un angle souvent plus technicien que celui de la séance publique. Mais elles assurent aussi le suivi de l'application des lois et une importante activité d'information (missions d'information) et de contrôle parlementaire (par ex. des nominations envisagées par le président de la République).

Leur rôle tend à s'accroître ces dernières années :

- leur ***nombre maximum***, initialement fixé à 6, a été porté à 8 en 2008. Il en existe effectivement 8 à l'Assemblée nationale, mais seulement 7 au Sénat ;
- elles ont retrouvé en 2008 le pouvoir d'amender les projets de lois, ce qui signifie que ***le texte débattu en séance publique est***, non celui du Premier ministre, mais ***celui de la commission*** (sauf pour un projet de révision, un projet de loi de finances ou un projet de loi de financement de la sécurité sociale) ;
- ***elles disposent*** désormais ***de temps*** pour assurer ce travail législatif (la discussion en séance, en 1re lecture, d'un texte de loi ne peut intervenir, devant la 1re assemblée saisie, avant 6 semaines, et devant la 2de assemblée avant 4 semaines, sauf exceptions [Const., art. 42]).

La « législation en commission »

À titre expérimental (en 2015) puis définitif (en 2018), le Sénat a mis en place une procédure de « législation en commission » aux termes de laquelle le droit d'amendement des sénateurs et du gouvernement ne peut s'exercer qu'en commission, la séance publique étant consacrée uniquement aux explications de vote et au vote. Cette procédure est actionnée par la Conférence des présidents et ne peut l'être en cas d'opposition du gouvernement, du président de la commission saisie au fond ou d'un président de groupe parlementaire. Près de 30 textes ont déjà été examinés selon cette procédure. L'Assemblée nationale a réformé son Règlement en juin 2019 pour adopter, elle aussi, une procédure similaire pouvant porter sur tout ou partie d'un texte de loi en discussion. D'usage plus rare en raison de lignes de fractures plus marquées à l'Assemblée qu'au Sénat, elle a été utilisée en février 2020 sur une proposition de loi relative aux premiers secours.

Les commissions permanentes

Assemblée nationale	Sénat
Affaires culturelles et éducation	Culture, éducation et communication
Affaires économiques	Affaires économiques
Affaires sociales	Affaires sociales
Lois constitutionnelles, législation et administration générale de la République	Lois constitutionnelles, législation, suffrage universel, Règlement et administration générale
Développement durable et aménagement du territoire	Aménagement du territoire et du développement durable
Finances, économie générale et contrôle budgétaire	Finances
Affaires étrangères	Affaires étrangères, défense et forces armées
Défense nationale et forces armées	

Les périmètres de compétence des commissions des deux assemblées ne se recouvrent pas totalement. Cela tient à l'autonomie fonctionnelle des assemblées. En effet, ce sont leurs règlements qui déterminent les compétences des commissions permanentes.

b) Les commissions spéciales

Celles-ci n'ont qu'*une compétence législative*. Elles sont constituées spécialement à la demande du gouvernement, des présidents des commissions permanentes ou des groupes parlementaires pour effectuer l'examen d'un projet ou d'une proposition de loi avant sa soumission en séance publique. Elles sont composées de 70 députés à l'Assemblée ou de 37 membres au Sénat.

Leur constitution est assez rare, toutefois la complexité croissante des textes de lois invite parfois à les faire examiner en commissions spéciales. Ainsi, ce sont des commissions spéciales qui ont examiné le projet de loi « retraite » (2020), celui confortant les principes républicains (2020-2021), ou le projet de loi « climat » (2021).

c) Les commissions d'enquête

Ces commissions exercent une mission de contrôle de l'action gouvernementale et administrative. Organisées initialement par l'ordonnance du 17 novembre 1958 relative aux assemblées parlementaires, elles ont été constitutionnalisées à l'article 51-2 par la révision du 23 juillet 2008.

Elles sont mises en place, pour une durée maximale de 6 mois, par le vote d'une résolution par une assemblée. Elles sont composées au maximum de 30 députés ou de 23 sénateurs.

Mais les contraintes pesant sur leur création sont nombreuses, encore accentuées par le fait majoritaire, si bien que leur efficacité pourrait être améliorée, bien que l'existence d'un droit de tirage ait légèrement assoupli ces contraintes (v. *infra*).

d) La commission des Affaires européennes

Bien qu'existant de façon permanente, il ne s'agit pas d'une « *commission permanente* » afin de contourner la limite maximum de 8 commissions permanentes par assemblée imposée par l'article 43 de la Constitution. Créée par la révision constitutionnelle du 23 juillet 2008, elle est composée de 48 députés ou de 41 sénateurs.

Pour aller plus loin

La présidence des commissions est, en principe, attribuée après chaque renouvellement triennal au Sénat et chaque année à l'Assemblée nationale. Par exception, la présidence de la commission des Affaires étrangères à l'Assemblée nationale est attribuée pour la totalité de la législature. Mais le groupe LREM à l'Assemblée a souhaité réattribuer cette présidence à mi-mandat afin de partager les responsabilités entre ses membres. La présidente de cette commission a refusé de céder sa place en 2020 ; elle siège désormais dans le groupe « Modem ».

Son rôle est d'informer l'assemblée concernée sur le suivi des affaires européennes et de contrôler l'activité européenne. Notamment, elle reçoit du gouvernement les projets de textes européens et formule des propositions de résolution indiquant la position de l'assemblée considérée sur ces projets (Const., art. 88-4). Elle peut aussi proposer une résolution tendant à la saisine de la Cour de Justice de l'UE pour violation du principe de subsidiarité (Const., art. 88-6).

■ *Les groupes parlementaires*

Les groupes parlementaires sont une ***continuation parlementaire des partis politiques*** constitués en associations. Les parlementaires se regroupent par affinités politiques en signant une déclaration politique commune. Ils doivent regrouper au minimum 15 députés ou 10 sénateurs.

Pour aller plus loin

Suite aux élections législatives de 2017 et à l'apparition d'un nouveau parti, LREM, dans le paysage politique, on assiste à une recomposition des groupes politiques de l'Assemblée nationale et du Sénat. On compte pas moins de 8 groupes différents au Sénat et même 9 à l'Assemblée.

Les groupes jouent un rôle déterminant dans la constitution de majorités parlementaires cohérentes et dans le fonctionnement même des assemblées. La ***discipline de vote*** qu'ils tentent souvent d'imposer à leurs membres concourt au fonctionnement du fait majoritaire. R. Ferrand, alors président du groupe « La République en marche », a ainsi estimé que l'abstention d'un député du groupe sur un projet de loi était un « *péché véniel* » tandis que le vote contre était un « *péché mortel* ».

De nombreux avantages sont associés à la création d'un groupe. Ceux-ci ont même été développés spécifiquement pour les groupes d'opposition et les groupes minoritaires depuis la révision du 23 juillet 2008. Les principaux avantages de la création d'un groupe parlementaire sont :

- leurs présidents sont membres de la Conférence des présidents ;
- les différentes fonctions du Bureau (vice-présidents, questeurs, secrétaires) sont attribuées aux groupes selon leur importance ;
- les groupes minoritaires ou d'opposition fixent l'ordre du jour d'un jour de séance par mois ;
- dans le cadre du « *temps législatif programmé* », les groupes d'opposition ont un temps de parole supplémentaire ;
- le temps des questions parlementaires est réparti entre les groupes selon leur importance et selon qu'ils sont ou non dans l'opposition ;
- les groupes d'opposition et minoritaires disposent d'un « *droit de tirage* » leur permettant de créer, une fois par session, une commission d'enquête plus facilement.

3 La fonction d'élaboration de la loi

Fonction traditionnelle de tout Parlement démocratique, le pouvoir législatif du Parlement de la Vᵉ République a fait l'objet de nombreuses attentions de la part du constituant en 1958. La forte rationalisation du parlementarisme a, de ce point de vue, abouti à un « *lacis de contraintes* » (E. Faure) pesant fortement sur les parlementaires.

Le domaine de la loi

L'une des grandes innovations de la Ve République, une « *révolution* » pour certains, est la fin de l'omnicompétence de la loi. Cependant, selon l'expression de Jean Rivero, « la révolution juridique n'a pas eu lieu ».

a) Les principes posés par la Constitution

Sous les Républiques précédentes, la loi pouvait régir n'importe quelle matière. Le constituant, malgré l'avis négatif du Conseil d'État, a entendu cantonner la loi à certaines matières.

Ainsi l'article 34 de la Constitution détermine une liste de matières dans lesquelles la loi intervient pour ***fixer les règles*** et une autre de matières où la loi ***détermine les principes fondamentaux***.

Il résulte de ces dispositions que le législateur bénéficie, en principe, d'une compétence d'attribution. En effet, l'article 37, al. 1er de la Constitution dispose que « les matières autres que celles qui sont du domaine de la loi ont un caractère réglementaire », conférant donc une compétence de droit commun au pouvoir réglementaire autonome.

Qui plus est, ***le gouvernement dispose de deux moyens pour protéger son domaine réglementaire de toute immixtion du législateur :***

- Il peut ***prévenir*** une telle immixtion en opposant ***l'irrecevabilité de l'article 41 de la Constitution*** à toute proposition de loi ou tout amendement qui n'est pas du domaine de la loi mais du domaine réglementaire (depuis la révision du 23 juillet 2008, chaque président d'assemblée peut également opposer cette irrecevabilité aux propositions de lois ou aux amendements y compris gouvernementaux pour ces derniers) ;
- Il peut **réparer** une telle immixtion : si une loi comporte tout de même des dispositions réglementaires, le Premier ministre peut saisir le Conseil constitutionnel (si la loi est antérieure à 1958, ce sera le Conseil d'État) afin qu'il déclare que celles-ci présentent bien cette nature. Cette procédure est appelée ***« délégalisation »*** ou **« déclassement »** car le Premier ministre pourra ensuite modifier ces dispositions par un simple décret (Const., art. 37, al. 2).

b) Une réalité plus favorable à la loi

Cependant, différentes décisions et interprétations ont, en quelque sorte, rétabli une conception plus traditionnelle de la loi.

1°) Dès sa décision n° 59-1 L du 27 novembre 1959, *RATP*, le Conseil constitutionnel a indiqué que les expressions « la loi fixe les règles » et « la loi détermine les principes fondamentaux », figurant à l'article 34 de la Constitution, n'entraînaient ***aucune différence quant à l'étendue de la***

compétence du législateur dans les matières considérées. Les expressions en question ne seraient qu'une figure de style.

2°) De plus, ***la compétence du législateur n'est pas réduite aux seules matières énumérées à l'article 34 de la Constitution***. En effet, quantité de dispositions constitutionnelles renvoient soit à une loi ordinaire (par ex. art. 1, art. 3...) soit à une loi organique (par ex. art. 6, art. 11...) le soin de mettre en œuvre la disposition en question. Cela étend la compétence du législateur, d'autant que le pouvoir réglementaire est soumis au respect des normes de valeur législative (*CE, ass., 26 juin 1959, n° 92099*) et que seules les lois peuvent déroger aux principes généraux du droit (*Cons. const., 26 juin 1969, n° 69-55 L*).

3°) Surtout, le Conseil constitutionnel a considéré qu'***une loi peut contenir des dispositions réglementaires sans être*** *pour autant* ***inconstitutionnelle*** (*Cons. const., 30 juillet 1982, n° 82-143 DC, Blocage des prix et des revenus*). Ainsi, la loi peut-elle de nouveau intervenir dans n'importe quel domaine... tant que le gouvernement ou les présidents d'assemblées (s'agissant des seules propositions et des amendements pour ces derniers ; ils ne disposent pas du pouvoir de l'opposer aux projets de loi) laissent faire en n'usant pas de l'article 41 de la Constitution. Néanmoins, la réforme du règlement de l'Assemblée nationale de 2019 pourrait, dès lors qu'elle introduit un contrôle systématique de la recevabilité des amendements par les présidents des commissions (RAN, art. 93), entraîner un recentrage du Parlement sur le domaine législatif.

■ *La procédure législative ordinaire*

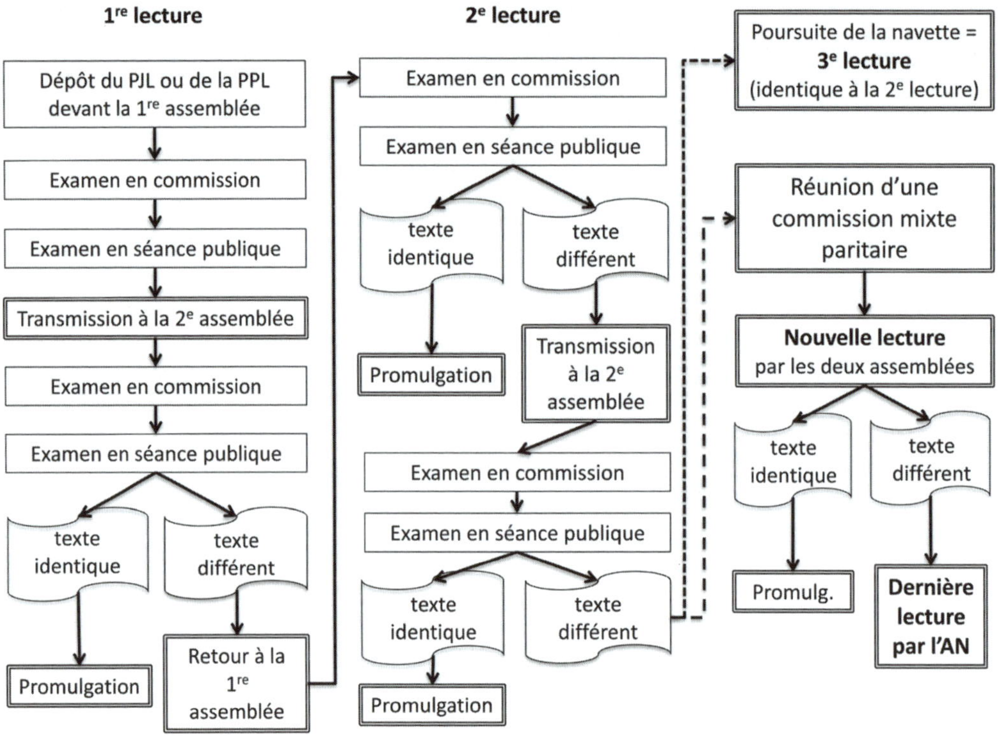

a) L'initiative de la loi

Aux termes de l'article 39 de la Constitution, « l'initiative des lois appartient concurremment au Premier ministre et aux membres du Parlement » :

- ***lorsque l'initiative est prise par le Premier ministre,*** il s'agit d'un ***« projet de loi »***. Avant d'être déposé sur le Bureau d'une assemblée, un projet de loi doit préalablement avoir été soumis pour ***avis*** au ***Conseil d'État*** puis ***délibéré en Conseil des ministres***. Depuis la loi organique du 15 avril 2009, ***une étude d'impact doit accompagner le dépôt d'un projet de loi***, qui doit indiquer, notamment, les objectifs poursuivis par le texte, la liste des textes d'application nécessaires et ses effets attendus sur le plan économique, financier, social et environnemental et sur l'emploi public (si la Conférence des présidents d'une assemblée estime que l'étude d'impact est insuffisante, le Conseil constitutionnel peut être saisi ; mais ce dernier, n'opère qu'un contrôle minimum, [*Cons. const., 1er juill. 2014, n° 2014-12 FNR*]).
  Le Premier ministre est libre de déposer un projet de loi sur le Bureau de n'importe quelle assemblée, sauf rares exceptions (projets de loi de finances et de financement de la sécurité sociale doivent être déposés sur le Bureau de l'Assemblée ; ceux ayant pour principal objet l'organisation des collectivités territoriales sur le Bureau du Sénat) ;
- ***lorsque les parlementaires sont à l'initiative d'une loi, la « proposition de loi »*** peut être formulée par un ou plusieurs membres d'une même assemblée. Celle-ci est déposée sur le Bureau de l'assemblée à laquelle appartient l'auteur de la proposition. Les présidents des assemblées peuvent, avec l'accord de leur auteur, demander un avis au Conseil d'État sur celle-ci.

b) L'examen en commission

Le Bureau de l'assemblée saisie va lui-même renvoyer le projet ou la proposition en commission (le plus souvent permanente, rarement spéciale). Un rapporteur est désigné qui présente aux membres de la commission son rapport sur le texte de loi. Il est un acteur essentiel du processus législatif (« *le pivot de la procédure législative* » selon P. Cahoua) car son examen attentif du texte fait de lui son meilleur connaisseur. En séance publique, il peut prendre la parole à chaque fois qu'il la demande pour s'exprimer sur le texte ou sur les amendements qui s'y rapportent. Dès le stade de la commission, les parlementaires, notamment le rapporteur, peuvent proposer des amendements afin d'améliorer le texte.

Le droit d'amendement

Amender un texte, c'est en proposer une modification. Les parlementaires et les ministres disposent du droit d'amendement. Il peut être exercé en commission ou en séance publique (mais le gouvernement peut opposer l'irrecevabilité à un amendement qui n'aurait pas été antérieurement soumis à la commission compétente [Const., art. 44, al. 2]). L'amendement vise soit à améliorer un texte, soit à retarder l'adoption de celui-ci. En effet, un dépôt massif d'amendements a pour effet de prolonger les débats, comme ce fut le cas en février 2020 concernant la réforme des retraites (21 782 amendements en commission ; 41 160 en séance). Toutefois, ce droit obéit à de nombreuses règles. Les amendements connaissent trois motifs d'irrecevabilités importants :

1°) Ils doivent avoir ***un lien avec le texte*** sinon il s'agit de « ***cavaliers*** », lesquels seront censurés. En 1re lecture, ce lien peut être ***indirect*** avec le texte déposé ou transmis (Const., art. 45 al. 1) ; à partir de la 2e lecture, il doit être « en relation directe avec une disposition restant en discussion », être destiné « à assurer le respect de la Constitution, à opérer une coordination avec des textes en cours d'examen ou à corriger une erreur matérielle » (*Cons. const., 12 mai 2011, n° 2011-629 DC*).

2°) Selon l'***art. 41 de la Constitution***, ceux-ci doivent être du domaine de la loi (irrecevabilité juridique).

3°) Selon l'***art. 40 de la Constitution***, « les propositions et amendements formulés par les membres du Parlement ne sont pas recevables lorsque leur adoption aurait pour conséquence soit une diminution des ressources publiques, soit la création ou l'aggravation d'une charge publique », ce qui vient limiter de façon drastique le droit d'amendement des parlementaires (les amendements gouvernementaux ne sont pas visés par cette irrecevabilité financière).

La commission saisie au fond de la 1re assemblée saisie dispose, en 1re lecture, d'un délai de 6 semaines minimum pour examiner le texte. Cependant, ce délai ne s'applique pas s'il s'agit d'un projet de loi de finances, d'un projet de loi de financement de la sécurité sociale, d'un projet relatif aux états de crise ou lorsque le gouvernement a engagé la procédure accélérée.

c) L'inscription à l'ordre du jour

Une fois l'examen en commission terminé, le texte doit être inscrit à l'ordre du jour d'une assemblée par la Conférence des présidents pour pouvoir être discuté en séance plénière. Mais, dès

1958, le gouvernement a disposé d'une place privilégiée dans la détermination de cet ordre du jour puisqu'il fixait l'ordre du jour prioritaire des assemblées. Seulement en surchargeant celui-ci, il ne restait que peu de place pour l'ordre du jour complémentaire fixé par les assemblées.

En 2008, l'organisation de cet ordre du jour a été profondément modifiée afin de donner aux assemblées une plus grande maîtrise de celui-ci. Par principe, les assemblées sont redevenues maîtresses de leur ordre du jour. Mais celui-ci fait l'objet de plusieurs contraintes :

– deux semaines de séance sur quatre sont réservées par priorité, et dans l'ordre que le gouvernement a fixé, à l'examen des textes et aux débats dont il demande l'inscription à l'ordre du jour ;
– une semaine de séance sur quatre est consacrée au contrôle de l'action du gouvernement et à l'évaluation des politiques publiques ;
– un jour de séance par mois, l'ordre du jour est fixé par les groupes minoritaires et les groupes d'opposition ;
– une séance par semaine au moins est réservée par priorité aux questions des membres du Parlement et aux réponses du gouvernement.

Structuration de l'ordre du jour des assemblées

Semaine 1	Questions	Gouvernement	
Semaine 2	Questions	Gouvernement	
Semaine 3	Questions	Majorité	Opposition + Gr. minoritaires
Semaine 4	Questions	Contrôle et évaluation des politiques publiques	

Les assemblées ne sont donc totalement maîtresses que du temps restant et du contenu de la semaine de contrôle.

Cette semaine type n'est pas respectée lors de l'examen de textes « ***super-prioritaires*** » : les projets de loi de finances, les projets de loi de financement de la sécurité sociale, les textes transmis par l'autre assemblée depuis six semaines au moins, les projets relatifs aux états de crise (v. Chapitre 4) et les demandes d'autorisation visées à l'article 35 de la Constitution doivent être inscrits en priorité à l'ordre du jour.

Cette nouvelle organisation de l'ordre du jour reste donc, assez logiquement, favorable au gouvernement. Elle a tout de même accru le pouvoir parlementaire, mais les comportements des députés et sénateurs en semaine de contrôle laissent encore percevoir le peu d'intérêt de ces derniers pour cette semaine de contrôle qui a tendance à se transformer en semaine législative puisque le

Conseil constitutionnel l'a accepté (*Cons. const., 14 nov. 2013, n° 2013-677 DC*), voire en semaine de circonscription.

d) Le débat en séance publique

Le débat en séance publique porte en principe, depuis la révision du 23 juillet 2008, ***sur le texte issu des travaux de la commission*** saisie au fond. Par exception, en 1re lecture et devant la 1re assemblée saisie, il porte sur le projet initial, tel que déposé sur le Bureau de l'assemblée concernée lorsqu'il s'agit d'un projet de révision constitutionnelle, d'un projet de loi de finances ou d'un projet de loi de financement de la sécurité sociale.

Après une présentation du texte en discussion, le débat en séance publique débute par une phase de ***discussion générale*** où les intervenants font part de leurs intentions et de celles de leurs groupes concernant ce texte.

Puis, est organisée la ***discussion des articles***. Il s'agit de l'examen approfondi de toutes les dispositions du texte et de tous les amendements qui s'y rapportent. Chacun des articles et des amendements est en principe l'objet de débats et de votes (à main levée). Enfin, un dernier vote, général, sur le texte est organisé. Mais le gouvernement peut user de ses prérogatives des articles 44, al. 3 et 49, al. 3 de la Constitution pour éviter ce déroulement (v. Chapitre 5).

Le temps législatif programmé

Depuis la réforme du Règlement de l'Assemblée nationale du 29 mai 2009, le *temps législatif programmé* (TLP) peut bouleverser ce bel ordonnancement. La Conférence des présidents peut décider de fixer une durée maximale pour l'examen d'un texte de loi. Dans ce cas, 60 % du temps de parole doit être attribué aux groupes d'opposition. Chaque intervention d'un député est décomptée du temps attribué à son groupe. Lorsqu'un groupe a épuisé son temps de parole, ses membres ne peuvent plus prendre part aux discussions et leurs amendements sont soumis au vote sans débat.

Lorsque le TLP est mis en œuvre, les présidents de groupes peuvent obtenir de droit que la durée d'examen minimum soit de 25 heures et, une fois par session, ils peuvent demander qu'elle soit portée à 40 heures.

Cette réforme permet de lutter contre l'obstruction parlementaire consistant en un dépôt massif d'amendements (137 665 amendements à l'Assemblée sur le projet relatif au secteur de l'énergie en 2006) et ceci d'autant plus que l'usage de l'art. 49, alinéa 3 de la Constitution par le Premier ministre a été limité. Son succès est en revanche très relatif s'agissant de la programmation des débats et de la prévisibilité de leur terme.

e) La navette parlementaire

Une fois le texte adopté par la 1re assemblée saisie, il est transmis à l'autre assemblée laquelle procède de la même façon que la 1re à quelques détails près : examen en commission, inscription à l'ordre du jour, débat en séance publique. Ce qui diffère, c'est, d'une part, que la commission saisie au fond ne dispose en 1re lecture que de 4 semaines pour examiner le texte transmis par l'autre assemblée et, d'autre part, que le texte dont est saisie la commission est celui adopté par la 1re assemblée et non le texte initial.

Si, au terme de ce parcours, la 2de assemblée ne vote pas le même texte que la 1re, alors, la navette se poursuit : le texte repart pour examen dans la 1re assemblée pour une 2e lecture et ainsi de suite. Les commissions, après la 1re lecture, ne disposent plus d'un délai réservé d'examen du texte de loi et la ***procédure législative fonctionne en entonnoir*** : ne sont discutés que les points sur lesquels un désaccord persiste entre les deux chambres.

Véritable jeu de « ping-pong » la procédure législative pourrait durer longtemps. Mais le constituant a permis qu'il y soit mis fin. En effet, si un texte de loi « n'a pu être adopté après deux lectures par chaque assemblée ou, si le gouvernement a décidé d'engager la ***procédure accélérée*** sans que les Conférences des présidents s'y soient conjointement opposées, après une seule lecture par chacune d'entre elles, le Premier ministre (ou, pour une proposition de loi, les présidents des deux assemblées agissant conjointement) a la faculté de provoquer la réunion d'une ***commission mixte paritaire*** (CMP) chargée de proposer un texte sur les dispositions restant en discussion ».

La CMP réunit 7 députés et 7 sénateurs. Si elle parvient à un compromis, son texte est ensuite examiné par les deux assemblées pour validation. Seuls les amendements acceptés par le gouvernement sont alors recevables.

Si l'une ou l'autre Chambre rejette le texte de la CMP ou si celle-ci ne parvient pas à un accord et que dans ce dernier cas la *nouvelle lecture* n'a pas réglé le différend, le gouvernement peut demander à l'Assemblée nationale de statuer seule et définitivement sur le texte lors d'une « *dernière lecture* » (procédure du dernier mot : Const., art. 45, al. 4).

■ *Les procédures législatives spécifiques*

Type de loi	Objet	Éléments spécifiques de procédure
Loi organique (Const., art. 46)	Mise en œuvre d'une disposition constitutionnelle dont le principe est seulement énoncé par la Constitution.	1°) En cas de procédure accélérée, le texte ne peut être inscrit à l'ordre du jour moins de 15 jours suivant son dépôt (sauf « circonstances particulières » liées à la Covid-19 : *Cons. const., 26 mars 2020, n° 2020-799 DC*).

		2°) En cas de dernier mot à l'Assemblée nationale, celle-ci ne peut adopter la loi organique qu'à la majorité absolue de ses membres. 3°) Si la loi organique est relative au Sénat, elle doit être votée dans les mêmes termes par les deux assemblées (pas de dernier mot à l'Assemblée nationale). 4°) Elles sont obligatoirement soumises au Conseil constitutionnel pour examen de leur constitutionnalité avant promulgation. Dans la hiérarchie des normes, elles se situent en dessous des normes internationales et européennes puisqu'un contrôle de conventionalité des lois organiques est possible si la loi organique ne se borne pas à tirer les conséquences d'une norme constitutionnelle (*CE, ass., 6 avr. 2016, n° 380570*).
Lois de finances (Const., art. 47)	Détermination des ressources et des charges de l'État	1°) Initiative réservée au Premier ministre (projet = PLF). 2°) L'Assemblée nationale doit être saisie en premier. 3°) Les PLF doivent être adoptés dans un délai global de 70 jours suivant leur dépôt (40 jours d'examen à l'Assemblée en 1re lecture, puis 20 jours au Sénat ou 15 jours si l'Assemblée n'avait pas achevé l'examen ; le reste du temps pour une éventuelle CMP, la *nouvelle lecture* et, possiblement, la *dernière lecture*). 4°) À défaut d'adoption dans le délai imparti, le gouvernement peut mettre en œuvre son PLF par voie d'ordonnances.
Lois de financement de la sécurité sociale (Const., art. 47-1)	Détermination des conditions générales de l'équilibre financier de la Sécurité sociale et, compte tenu de leurs prévisions de recettes, fixation de ses objectifs de dépenses	1°) Initiative réservée au Premier ministre (projet = PLFSS). 2°) L'Assemblée nationale doit être saisie en premier. 3°) Les PLFSS doivent être adoptés dans un délai global de 50 jours suivant leur dépôt (20 jours d'examen à l'Assemblée en 1re lecture, puis 15 jours au Sénat ; le reste du temps pour une éventuelle CMP, la *nouvelle lecture* et, possiblement, la *dernière lecture*). 4°) À défaut d'adoption dans le délai imparti, le gouvernement peut mettre en œuvre son PLFSS par voie d'ordonnances.

Pour les lois constitutionnelles, v. Chapitre 2.

4 La fonction de contrôle

Cette compétence du Parlement a été remaniée par la révision du 23 juillet 2008. Elle a été inscrite en toutes lettres dans la Constitution (art. 24) et semble avoir mué en un contrôle moins politisé, un contrôle d'évaluation des résultats de la politique menée. Qui plus est, le Parlement dispose désormais de temps pour exercer cette mission puisqu'une semaine de séance sur quatre est consacrée, par priorité, au contrôle parlementaire et à l'évaluation des politiques publiques.

■ *La mise en jeu de la responsabilité du gouvernement*

Déjà abordée sous l'angle du gouvernement (v. Chapitre 5), cette question est essentielle dans un régime parlementaire puisqu'il s'agit là du critère principal de ce régime. Cette responsabilité est régie par l'article 49 de la Constitution.

a) L'article 49, al. 1 de la Constitution

Selon cette disposition, « le Premier ministre, après délibération du conseil des ministres, engage devant l'Assemblée nationale la responsabilité du gouvernement sur son programme ou éventuellement sur une déclaration de politique générale ». La confiance est acquise à la majorité absolue des suffrages exprimés lors d'un vote se déroulant immédiatement après la déclaration du Premier ministre.

La pratique a montré que l'usage de cet engagement de responsabilité est discrétionnaire et que le Premier ministre n'est donc pas contraint d'engager la responsabilité de son gouvernement au moment de la formation de celui-ci (ex. R. Barre, M. Rocard).

Celle-ci signale également la ***désuétude du « programme »*** : depuis 1977, aucun Premier ministre n'a engagé la responsabilité de son gouvernement sur son programme ; ils ne l'ont fait que sur une « déclaration de politique générale ». Toutefois, on peut noter qu'É. Philippe à la fin de son discours de politique générale, le 12 juin 2019, a dit : « J'ai l'honneur d'engager devant l'Assemblée nationale la responsabilité du Gouvernement que je dirige sur ce programme », ce qui illustre l'absence de signification profonde de la distinction entre ces deux notions.

L'article 49, alinéa 1 de la Constitution peut être utilisé soit au moment de la formation du gouvernement afin de lier le gouvernement à sa majorité parlementaire (comme J. Castex le 15 juillet 2020), soit à n'importe quel moment (comme M. Rocard le 16 janvier 1991 afin de souder la représentation nationale au moment de la guerre du Golfe ou É. Philippe le 12 juin 2019).

b) L'article 49, al. 2 de la Constitution

Ici les députés prennent l'initiative de déposer une motion de censure afin de renverser le gouvernement.

Particulièrement rationalisé ce mécanisme obéit à de très strictes conditions :

- pour être recevable, ***la motion de censure doit être signée par 1/10e des députés (soit 58)***. Et encore, un même député ne peut être signataire de plus de 3 motions de censure par session ordinaire et de plus d'une par session extraordinaire.
- la motion de censure ne peut être soumise au vote des députés qu'après *un **délai de réflexion de 48 heures*** minimum après le dépôt de la motion ;
- le vote se déroule par scrutin public à la tribune. Pour que la motion soit adoptée, elle doit recueillir la ***majorité absolue des membres composant l'Assemblée nationale (soit 289)***. De plus, ***seuls sont recensés les votes favorables à la motion***, ce qui a pour effet arithmétique d'associer les abstentionnistes aux soutiens du gouvernement.

Finalement, une seule motion de censure a été adoptée sous la Ve République, le 5 octobre 1962 à une époque où le fait majoritaire n'était pas encore apparu. Le dépôt d'une motion de censure n'a donc plus de sens que médiatique car le résultat du vote est presque connu par avance : le gouvernement ne sera pas censuré. Cela permet à l'opposition de se compter, de se souder et de s'exprimer publiquement contre la politique gouvernementale.

c) L'article 49, al. 3 de la Constitution

Dans le cadre de la procédure législative, ***le Premier ministre peut décider, après délibération du Conseil des ministres, d'engager la responsabilité du gouvernement sur un texte***. Dans ce cas, il est mis fin au débat parlementaire et les députés disposent de 24 heures pour décider de déposer ou non une motion de censure. Si celle-ci est déposée, elle est discutée et votée dans les conditions prévues à l'article 49, alinéa 2. En cas de rejet de la motion ou si les députés ne la déposent pas, le ***texte de loi*** est ***considéré comme adopté*** sans vote de l'Assemblée nationale.

D'usage fréquent à certaines époques de la Ve République (M. Rocard l'a ainsi utilisé 28 fois sur 12 textes différents), l'article 49, alinéa 3 a été modifié par la révision du 23 juillet 2008. ***Il ne peut désormais plus être utilisé que sur les projets de loi de finances ou de financement de la sécurité sociale et sur un autre texte par session*** (v. Chapitre 5). Après plusieurs années sans utilisation, M. Valls, confronté à la fois à une majorité frondeuse et à une opposition déposant de nombreux amendements, a plusieurs fois fait usage de ce dispositif (3 fois sur le projet de loi « Macron » en 2015 ; 3 fois sur le projet de loi « El Khomri » en 2016) et É. Philippe l'a employé en 1re lecture du projet de loi « retraite » en 2020.

Aucun gouvernement n'est tombé suite à une motion de censure adoptée en réaction à l'usage de l'article 49, alinéa 3 par le Premier ministre.

> **L'article 49, al. 4 de la Constitution**
>
> Cet alinéa dispose que « le Premier ministre a la faculté de demander au Sénat l'approbation d'une déclaration de politique générale ». Moins formaliste, cette procédure n'a pas de conséquence juridique sur l'existence du gouvernement. Le 13 juin 2019, le Sénat a refusé d'approuver la déclaration de politique générale d'É. Philippe par 93 voix contre 71 (181 abstentions et 3 refus de vote) sans conséquence. À l'inverse, si la confiance est refusée au gouvernement par l'Assemblée nationale dans le cadre des alinéas 1, 2 et 3 de l'art. 49 de la Constitution, le Premier ministre est tenu de remettre la démission de son gouvernement au président de la République (Const., art. 50).

■ *Les moyens d'information et d'évaluation*

La réalisation d'un contrôle parlementaire plus étroit sur l'action du gouvernement se heurte au fait majoritaire. C'est pourquoi la mutation du contrôle davantage vers l'évaluation des politiques publiques peut donner un nouvel élan à cette mission essentielle du Parlement. Ainsi, depuis 2018, les assemblées et le gouvernement se sont-ils accordés pour organiser « le printemps de l'évaluation » dans l'agenda parlementaire. Il s'agit, lors de cette saison, de développer les initiatives en matière d'évaluation, notamment en matière financière, en accordant une importance plus grande à l'examen de la loi de règlement (loi arrêtant le montant définitif des recettes et des dépenses de l'État et le résultat financier qui en découle). Les outils du contrôle parlementaire sont nombreux, pour peu que le Parlement les utilise.

a) Les questions

1) Les questions écrites

Posées par écrit par les parlementaires aux membres du gouvernement, elles peuvent ainsi être posées hors session parlementaire. Le ministre questionné dispose de 2 mois pour répondre aux députés et sénateurs. Questions et réponses sont publiées au *Journal officiel*.

À l'Assemblée, si une question écrite reste sans réponse, les présidents des groupes peuvent « *signaler* » la question : le ministre est alors contraint de répondre sous 10 jours. Au Sénat, l'absence de réponse permet à l'auteur de la question de la transformer en question orale.

Le nombre de ces questions était si considérable (environ 5 500/an au Sénat et 30 000/an à l'Assemblée nationale) que les députés ont décidé que la Conférence des présidents fixerait désormais le nombre maximal de questions écrites pouvant être posées par chaque député durant la session (52 pour la session 2020-2021 ; la session 2021-2022 étant écourtée du fait de l'élection présidentielle, le nombre devrait être réduit). C'est que ces questions sont devenues un moyen facile d'interrogation des ministères sur des sujets techniques. Elles sont un « service de consultations gratuites » (Joseph-Barthélémy et P. Duez).

2) Les questions orales

Elles permettent aux parlementaires d'échanger avec les ministres selon un minutage précis de la question puis de la réponse. L'auteur de la question peut encore reprendre la parole quelques instants après la réponse.

Au Sénat, les séances de questions orales se déroulent le mardi matin une fois par mois. À l'Assemblée nationale, elles ont lieu durant la semaine de contrôle le mardi matin et le jeudi matin.

Ces questions suscitent peu l'intérêt des parlementaires qui leur préfèrent les « questions au gouvernement ».

3) Les questions au gouvernement

Nées à l'Assemblée nationale en 1974 à l'initiative du président de la République, Valéry Giscard d'Estaing, leur organisation relève certes des Règlements des assemblées mais aussi, dans une large mesure, de la pratique. Dans les deux assemblées, le parlementaire dispose de 2 minutes pour poser sa question et le ministre du même temps pour lui répondre. Si l'auteur de la question n'a pas épuisé son temps de parole, il peut alors répliquer au ministre pour le temps restant. À la différence du Sénat, à l'Assemblée nationale, le ministre peut encore répondre à la réplique du député s'il n'a, lui aussi, pas épuisé son temps de parole.

Depuis 2019, il n'existe plus qu'une seule séance par semaine de ces questions à l'Assemblée nationale (mardi après-midi pendant 2 heures) contre deux avant cette date, ce qui a permis au Sénat d'installer sa séance hebdomadaire le mercredi après-midi (une heure environ). Minutage précis et caractère spontané de la question garantissent des échanges vifs. Le succès de ces séances est immense en raison de la diffusion télévisée depuis 1982, mais elles donnent lieu à un certain théâtralisme.

Tandis que le Sénat répartit ces questions à la proportionnelle des groupes, le Règlement de l'Assemblée garantit aux députés de l'opposition la moitié de ces questions ; la Conférence des présidents est même allée au-delà de cette prescription puisque désormais à chaque séance 26 questions sont posées dont seulement 5 par des députés appartenant au groupe majoritaire.

Pour aller plus loin

Sénat et Assemblée nationale ont mis en place à partir de 2009 un mécanisme de question original : la Conférence des présidents détermine un thème et, durant une durée qu'elle fixe, tous les parlementaires peuvent interroger le ministre responsable de cette thématique (avec droit de réplique). Ces « *questions-cribles* » ont été supprimées au Sénat en 2015 au profit de séances de questions d'actualité au gouvernement plus nombreuses et de nouveaux « *débats d'initiative sénatoriale* ». Dénommées « *questions à un ministre* » à l'Assemblée, elles demeurent en pratique mais n'ont plus d'existence dans le Règlement depuis leur censure par le Conseil constitutionnel. L'essentiel est là : elles existent et contribuent à une véritable évaluation de la politique menée par un ministère.

b) Les commissions d'enquête

Composées à la proportionnelle des groupes, ces commissions sont chargées de ***rassembler des éléments d'information sur des faits déterminés et d'examiner la gestion des services publics et entreprises nationales***. Pour assurer ces missions, elles disposent de vastes pouvoirs d'investigation sur pièces et sur place durant 6 mois maximum.

Créées par le vote d'une résolution par une assemblée, elles apparaissent souvent en décalage temporel avec les événements car la majorité parlementaire ne souhaite pas incommoder le gouvernement. De fait, elles portent trop souvent sur des sujets d'importance toute relative : la présence du loup en France, la disparition d'Air Lib…

Heureusement depuis 2009, les assemblées ont instauré un ***droit de tirage***. Désormais, au sein des deux assemblées, chaque groupe d'opposition et chaque groupe minoritaire a véritablement droit à la création d'une commission d'enquête par session ordinaire (le groupe majoritaire en bénéficie également au Sénat). Toutefois, encore faut-il que la demande soit recevable.

Le cas le plus manifeste d'irrecevabilité d'une proposition de résolution tendant à la création d'une commission d'enquête est ***l'interdiction qui leur est faite d'exister en parallèle d'une enquête judiciaire sur les mêmes faits***.

Pour aller plus loin

L'interprétation de cette irrecevabilité est assez souple et peut donner lieu à des conflits entre le gouvernement et les assemblées. Ainsi, en 2018, la commission des lois du Sénat a émis un avis négatif quant à la constitution d'une commission d'enquête sur les abus sexuels sur des

mineurs au sein de l'Église catholique car une information judiciaire était ouverte sur ces faits. Elle s'est, en revanche, dotée des prérogatives d'une commission d'enquête sur l'affaire « *Benalla* », laquelle donnait pourtant lieu à une enquête judiciaire. Son rapport constate un certain nombre de dysfonctionnements et demande au Bureau du Sénat de saisir le parquet pour faux témoignage de plusieurs collaborateurs de l'Élysée.
Jusqu'à présent, une seule personne a été condamnée pour faux témoignage devant une commission d'enquête : un médecin interrogé par la commission d'enquête sénatoriale sur la pollution de l'air avait déclaré devant elle n'avoir aucun lien d'intérêt avec les acteurs économiques alors qu'il était rémunéré par le groupe *Total*.

Le droit de tirage permet de multiplier les commissions d'enquête et d'accroître l'intérêt des sujets sur lesquels elles portent : surveillance des filières et des individus djihadistes, établissement des chiffres du chômage, évaluation des politiques de santé environnementale, etc.

Les missions d'information

Les commissions permanentes ou les Conférences des présidents dans chaque assemblée peuvent décider la création d'une mission d'information. Il s'agit de confier à un petit groupe de parlementaires le soin d'informer la commission ou l'assemblée sur un sujet précis, en établissant un rapport à la suite d'investigations ou d'auditions. Leur fonctionnement est plus souple que celui des commissions d'enquête (par exemple si elles doivent être temporaires, elles ne sont pas pour autant astreintes à respecter un délai d'existence de 6 mois maximum). Leurs rapports sont une source essentielle de l'information des parlementaires. L'Assemblée nationale a ainsi décidé la mise en place d'une mission d'information sur l'incendie de l'usine Lubrizol à Rouen, ou sur les moyens de lutter contre l'abstention et le Sénat sur les conditions de la vie étudiante en France.

c) Les déclarations gouvernementales

L'article 50-1 de la Constitution prévoit que le gouvernement peut faire, sur un sujet de son choix, devant l'une ou l'autre assemblée, une déclaration suivie d'un débat et, éventuellement, d'un vote (sans que ce dernier puisse engager sa responsabilité). Ces déclarations peuvent être sollicitées par un groupe parlementaire ou être d'initiative gouvernementale. Pour la 1re fois, un vote négatif a été émis par une assemblée, le Sénat, à la suite de la déclaration d'É. Philippe sur le plan de déconfinement suite à la pandémie de Covid-19, le 4 mai 2020. Depuis, le Sénat a encore voté contre la stratégie gouvernementale de lutte contre l'épidémie de covid-19, le 29 octobre 2020.

En outre, l'article 35 de la Constitution dispose que lorsque le gouvernement et le président de la République décident de faire intervenir les armées françaises sur un théâtre d'opérations extérieures, le gouvernement est tenu de faire dans les 3 jours, une ***déclaration*** dans laquelle il précise les objectifs poursuivis par l'intervention. Celle-ci peut être suivie d'un débat. Si l'opération dure plus de 4 mois, le gouvernement doit obtenir une ***autorisation*** du Parlement, l'Assemblée pouvant avoir le dernier mot sur le Sénat. En avril 2018, É. Philippe s'est ainsi présenté devant les députés (et J.-Y. Le Drian devant les sénateurs) pour y lire une déclaration sur l'engagement des forces aériennes françaises en Syrie après l'usage d'armes chimiques par les autorités syriennes.

Cette disposition permet au Parlement d'être associé aux décisions militaires, ce qui est d'autant plus important que ces interventions ne donnent plus lieu à une déclaration de guerre et que, dès lors, le Parlement n'a pas à en autoriser le déclenchement. Cependant si l'opération dure des années, aucun renouvellement du consentement parlementaire n'est prévu.

d) Les résolutions

Longtemps interdites aux assemblées (*Cons. const., 24 juin 1959, n° 59-2 DC*), les résolutions parlementaires ont, pour partie, été restaurées en 1992 par l'article 88-4 de la Constitution en matière européenne (v. Chapitre 2).

Depuis 2008, l'article 34-1 de la Constitution prévoit que les assemblées peuvent voter des résolutions par lesquelles elles expriment leur point de vue, voire leur sentiment. Toutefois, « ne peuvent être inscrites à l'ordre du jour les propositions de résolution dont le gouvernement estime que leur adoption ou leur rejet serait de nature à mettre en cause sa responsabilité ou qu'elles contiennent des injonctions à son égard ».

Cette disposition préserve le gouvernement tout en permettant aux assemblées de s'exprimer sans avoir à voter des lois au caractère peu normatif comme elles le faisaient régulièrement (lois mémorielles par exemple). Ainsi, l'Assemblée a-t-elle adopté, en mars 2021, une résolution invitant le gouvernement à ajouter le nom de Valéry Giscard d'Estaing au nom du Musée d'Orsay.

e) Le Comité d'évaluation et de contrôle des politiques publiques

Si le travail d'évaluation des politiques publiques peut être mené par les commissions permanentes, il est apparu à l'Assemblée nationale que lorsqu'une politique publique dépasse le champ de compétences d'une commission, cette mission d'évaluation devait être confiée à un autre organe : le Comité d'évaluation et de contrôle (CEC).

Présidé par le président de l'Assemblée nationale, il est en outre composé de 36 membres désignés à la proportionnelle des groupes et en tenant compte d'une représentation équilibrée des commissions permanentes.

Il dispose de pouvoirs d'enquête afin de coordonner des travaux d'évaluation des politiques menées. Il a ainsi rendu des rapports sur l'accès à l'enseignement supérieur ou sur la lutte contre la contrefaçon.

Le confinement en raison de la covid-19, confinement de la démocratie ?

La décision de confinement en raison de la pandémie de Covid-19 a substantiellement modifié le fonctionnement des institutions. On a pu avoir l'impression que la démocratie était en sommeil. Des élections ont été reportées (2nd tour des élections municipales, régionales et départementales, élections législatives partielles, sénateurs des Français de l'étranger). Les assemblées ont maintenu une activité mais, pour respecter les gestes barrières, en ne réunissant physiquement qu'un nombre limité de parlementaires. La fonction législative a largement été transférée au gouvernement par le vote de lois d'habilitations très générales (125 ordonnances prises en 2020, dont 99 pour lutter contre la pandémie et ses conséquences). Le conseil des ministres s'est tenu pour partie en visio-conférence et a pu paraître supplanté par le conseil de défense sanitaire. Les assemblées ont certes maintenu une activité de contrôle constante, mais dans des conditions peu favorables à la qualité de ce contrôle (auditions par des commissions en visioconférence, questions écrites restées sans réponses...). Les juridictions et les autorités administratives indépendantes (CNIL, Défenseur des droits) ont poursuivi, bon an mal an, leur activité essentielle malgré des contraintes nouvelles, mais certains commentateurs ont néanmoins critiqué la pusillanimité de certaines décisions juridictionnelles. Les institutions doivent continuer à exercer leurs missions et compétences, quelles que soient les circonstances, dans des conditions qui permettent au mieux de respecter les valeurs de notre système politique. Il n'est pas certain que toutes les pistes aient été exploitées pour pouvoir suivre cette voie.

PARTIE 3

Les contre-pouvoirs sous la Ve République

Chapitre 7

Le Conseil constitutionnel

« Chien de garde de l'Exécutif » au début de la Ve République, le Conseil constitutionnel s'est peu à peu émancipé au point de devenir le gardien des libertés fondamentales et de l'État de droit. Malgré un recrutement de ses membres critiqué, le Conseil constitutionnel est devenu une Cour constitutionnelle semblable aux grandes Cours européennes.

1 Les membres du Conseil constitutionnel

La façon dont le Conseil constitutionnel est composé est l'objet de nombreuses critiques : des membres nommés par des autorités politiques de façon quasi discrétionnaire, « *maison de retraite* » (G. Carcassonne) des anciens Présidents de la République, l'absence de compétences exigées en matière juridique...

Pourtant, malgré quelques réserves, les membres du Conseil ont fait preuve de « *l'ingratitude* » (R. Badinter) nécessaire envers ceux qui les ont nommés et d'une véritable indépendance. Leur statut la leur procure ; ils la manifestent régulièrement.

■ *Les divers membres du Conseil constitutionnel*

a) Les membres nommés

Aux termes de l'article 56 de la Constitution, le Conseil constitutionnel est composé de ***9 membres nommés***. Ils le sont pour ***un tiers par le président de la République, un tiers par le président du Sénat et un tiers par le président de l'Assemblée nationale***. Le texte portant nomination est une « *décision* » qui ne fait l'objet d'aucun contreseing et n'est susceptible d'aucun recours (*CE, ass., 9 avr. 1999, n° 195616*).

Nommés pour 9 ans, ils ne peuvent être reconduits pour un nouveau mandat à l'issue de celui-ci. En cas de décès ou de démission d'un membre, l'autorité qui l'avait nommé lui nomme un successeur pour le temps du mandat restant à effectuer. Si ce temps est inférieur à 3 ans, le successeur pourra être renommé pour un mandat complet supplémentaire. Le renouvellement du Conseil constitutionnel a lieu par tiers tous les 3 ans. Chaque autorité nomme donc un membre en principe tous les 3 ans.

Le choix des membres du Conseil a été purement discrétionnaire et certaines nominations très « politiques » ont pu se dérouler. Depuis la révision du 23 juillet 2008, les personnes que les autorités compétentes entendent nommer au Conseil sont auditionnées publiquement par les commissions des Lois des assemblées. Celles-ci peuvent s'opposer à la nomination envisagée par un vote à la majorité des 3/5e des suffrages exprimés (procédure de l'art. 13, al. 5, Const.).

Nommé par le président de la République	**Nommé par le président du Sénat**	**Nommé par le président de l'Assemblée nationale**	**Échéance du mandat**
Nicole Maestracci	Dominique Lottin	Claire Bazy-Malaurie	2022
Laurent Fabius (Président)	Michel Pinault	Corinne Luquiens	2025
Jacques Mézard	François Pillet	Alain Juppé	2028

C'est le président de la République qui choisit d'élever au rang de président du Conseil constitutionnel l'un de ses membres. Il peut choisir une personnalité qu'il a lui-même nommée au Conseil (cas le plus fréquent) ou une personne nommée au Conseil constitutionnel par le président de l'Assemblée nationale ou du Sénat (un cas : Yves Guéna en 2000).

Le président du Conseil constitutionnel le reste le temps de son mandat de membre du Conseil. Le plus souvent, les présidents de la République choisissent d'élever à la présidence le membre qu'ils nomment au Conseil lors du renouvellement de l'institution à l'échéance du mandat du président en exercice, comme ce fut le cas en 2016 avec la nomination de Laurent Fabius.

Rien ne s'opposerait juridiquement à la nomination comme président du Conseil constitutionnel d'un membre de droit. Auquel cas la présidence de cette juridiction serait attribuée jusqu'à ce que les forces abandonnent l'ancien président de la République !

b) Les membres de droit

Les anciens présidents de la République sont membres de droit du Conseil constitutionnel. Ils en sont ainsi membres à vie.

Cette formule avait été choisie en 1958, afin de permettre aux anciens présidents de la IVe République de bénéficier d'émoluments généreux versés par la République. Si cela pouvait s'entendre d'une institution qui siégeait peu et dont le rôle était de fait limité, cette situation est détestable depuis l'émancipation du Conseil constitutionnel dans les années 1970 et davantage encore depuis la mise en place de la question prioritaire de constitutionnalité (QPC). Elle interroge même sa compatibilité avec la Convention européenne des droits de l'Homme.

F. Hollande puis E. Macron ont proposé de supprimer la catégorie des membres de droit du Conseil constitutionnel, mais sans succès. Depuis le décès de V. Giscard d'Estaing, plus aucun ancien président de la République ne siège effectivement au Conseil constitutionnel.

■ *Le statut des membres du Conseil constitutionnel*

a) Les conditions de nomination au Conseil constitutionnel

Ni la Constitution, ni l'ordonnance organique du 7 novembre 1958 ne posent de conditions pour être nommé au Conseil constitutionnel. Il n'existe aucune exigence de compétences juridiques.

Toutefois, la procédure de nomination des membres mise en place depuis la révision du 23 juillet 2008 aboutit, de fait, à ce que les autorités de nomination tiennent compte de ce genre de compétences afin d'éviter le désaveu d'un veto des commissions des Lois des assemblées.

À ce jour, tous les membres ont reçu une formation juridique plus ou moins importante, parfois même ont-ils exercé leurs compétences en juridictions (L. Fabius, M. Pinault, C. Bazy-Malaurie, N. Maestracci, D. Lottin). On constate que, parmi les membres, se trouvent également de fins connaisseurs de la vie politique et parlementaire (A. Juppé, J. Mézard, F Pillet, C. Luquiens).

b) Les incompatibilités

Il est interdit de cumuler la fonction de haut conseiller avec tout mandat électif (national ou local), les fonctions de membre du gouvernement, du Conseil économique, social et environnemental ou de Défenseur des droits.

Il est de plus interdit aux membres du Conseil constitutionnel d'exercer certaines activités (Ord. org., n° 58-1067, 7 nov. 1958, art. 4). Désormais, « l'exercice des fonctions de membre du Conseil constitutionnel est incompatible avec l'exercice de toute fonction publique et de toute autre activité professionnelle ou salariée » (L. org. du 11 oct. 2013). Ils peuvent seulement se livrer à des travaux scientifiques, littéraires ou artistiques.

C'est au Conseil constitutionnel qu'il appartient de prononcer la démission d'office d'un membre qui se trouverait dans une situation incompatible.

c) Les obligations des membres du Conseil constitutionnel

L'article 1er du décret du 13 novembre 1959 relatif aux obligations des membres du Conseil constitutionnel dispose : « Les membres du Conseil constitutionnel ont pour obligation générale de s'abstenir de tout ce qui pourrait compromettre l'indépendance et la dignité de leurs fonctions ».

Cette obligation est traduite, notamment, par le serment qu'ils prêtent, devant le président de la République : « Ils jurent de bien et fidèlement remplir leurs fonctions, de les exercer en toute impartialité dans le respect de la Constitution, de garder le secret des délibérations et des votes et de ne prendre aucune position publique, de ne donner aucune consultation sur les questions relevant de la compétence du Conseil ».

Seuls les membres nommés prêtent ce serment. Les membres de droit en sont dispensés, mais ils sont astreints aux mêmes obligations de discrétion et d'impartialité.

Le Conseil constitutionnel, par un vote à la majorité des membres le composant et à bulletins secrets, peut constater tout manquement à ces obligations et prononcer une sanction pouvant aller jusqu'à la démission d'office. Mais il fait preuve, ici, d'un certain libéralisme : certains membres ont pu se mettre « en congé » temporairement pour participer à un débat d'ordre politique (S. Veil, V. Giscard d'Estaing).

La « *mise en congé* » peut aussi être utilisée lorsque des membres du Conseil constitutionnel connaissent quelques soucis judiciaires. R. Dumas, impliqué dans l'affaire Elf, et N. Sarkozy, contestant devant le Conseil constitutionnel la décision de la C.N.C.C.F.P. rejetant son compte de campagne, se sont ainsi mis en congé.

Si les membres du Conseil constitutionnel peuvent décider la démission d'office de ceux qui ne respectent pas leurs obligations, cela est impossible s'agissant des membres de droit. Preuve supplémentaire de la nécessité de supprimer la catégorie des membres de droit du Conseil.

2 Les attributions du Conseil constitutionnel

■ *Le Conseil constitutionnel, juge de la constitutionnalité*

Innovation majeure de la Ve République le contrôle de constitutionnalité de la loi a mis fin au légicentrisme et à la souveraineté parlementaire qui caractérisaient les Républiques précédentes.

Deux révisions constitutionnelles majeures, celles du 29 octobre 1974 et du 23 juillet 2008, ont façonné un nouveau visage à ce contrôle. Mais le Conseil constitutionnel a lui aussi beaucoup participé, par sa jurisprudence, à cette mutation.

a) Les normes constitutionnelles de référence

Les normes de référence auxquelles le Conseil constitutionnel confronte les textes dont il contrôle la constitutionnalité, sont variées. La majeure partie d'entre elles a valeur constitutionnelle. Mais il peut aussi employer des références textuelles qui n'ont qu'une valeur infraconstitutionnelle. Ainsi, lorsqu'il contrôle la constitutionnalité d'une loi de finances, le Conseil peut-il se référer à la loi organique relative aux lois de finances. De même, lorsqu'il contrôle la constitutionnalité des règlements des assemblées peut-il leur opposer le respect de l'ordonnance du 17 novembre 1958 relative aux assemblées parlementaires, laquelle a valeur législative.

Ces textes sont des normes de référence pour le contrôle qu'opère le Conseil constitutionnel, mais ils ne font pas partie du « ***bloc de constitutionnalité*** » (L. Favoreu). Cette expression a été forgée à la suite de l'importante décision (*n° 71-44 DC*) du Conseil constitutionnel du 16 juillet 1971, *Liberté d'association*, afin d'évoquer la ***pluralité des normes constitutionnelles de référence***. Par cette décision, le Conseil constitutionnel a reconnu la valeur constitutionnelle du Préambule de la Constitution de 1958 et de tout son contenu.

Le bloc de constitutionnalité

Désignation	Remarques
Articles de la Constitution	Ils contiennent de nombreuses prescriptions s'agissant de la procédure d'adoption d'une loi mais peu de droits et libertés opposables au législateur.
Déclaration des droits de l'Homme et du citoyen	Elle a valeur constitutionnelle par renvoi du Préambule de 1958. Elle contient 17 articles portant sur des droits et libertés civils et politiques (liberté d'opinion, d'expression, sûreté, droit de propriété...).
Préambule de la Constitution de 1946	Lui aussi a valeur constitutionnelle par renvoi du Préambule de la Constitution de 1958. Son contenu est assez divers. En effet, il comporte : - une liste de « ***principes particulièrement nécessaires à notre temps*** » c'est-à-dire de droits essentiellement économiques et sociaux tels la liberté syndicale, le droit de grève, le droit à l'instruction... ; - la référence à une catégorie de principes, les « ***principes fondamentaux reconnus par les lois de la République*** » ***(PFRLR)***. Le Préambule ne portant aucune indication de leur identité, c'est au juge qu'il est revenu de les découvrir. Il s'agit de principes de libertés qui n'ont jamais été remis en cause depuis leur édiction et que le juge peut découvrir dans les lois républicaines antérieures au 27 octobre 1946 (*Cons. const., 20 juill. 1988, n° 88-244 DC*) lesquelles lois intéressent les droits et libertés fondamentaux, la souveraineté nationale ou l'organisation des pouvoirs publics (*Cons. const., 17 mai 2013, n° 2013-669 DC*). Le Conseil constitutionnel en a découvert 11 (liberté d'association, liberté

	d'enseignement, indépendance de la juridiction administrative...) et le Conseil d'État 2 (refus d'extradition pour mobile politique et laïcité).
Charte de l'environnement de 2004	Celle-ci a été insérée dans le Préambule de la Constitution de 1958 par la révision du 1er mars 2005. Elle porte sur la préservation de l'environnement et le principe de précaution. Le Conseil constitutionnel estime qu'elle a valeur constitutionnelle et que le législateur doit lui donner une effectivité (*Cons. const., 19 juin 2008, n° 2008-564 DC*).
Principes à valeur constitutionnelle	À l'image du Conseil d'État s'agissant des « *principes généraux du droit* », le Conseil constitutionnel découvre parfois des principes de valeur constitutionnelle qui s'imposent au législateur. Par rapport aux PFRLR, le lien textuel est beaucoup plus ténu. Ils manifestent un véritable pouvoir de création de la part du Conseil constitutionnel. Il s'agit, par exemple, du principe de continuité des services publics, de la sauvegarde de la dignité de la personne humaine ou du principe de fraternité.

b) Les procédures de contrôle de constitutionnalité

1) Le contrôle de constitutionnalité des traités

L'article 54 de la Constitution prévoit qu'***un traité ne peut être ratifié*** par le président de la République ***si*** le Conseil constitutionnel a déclaré qu'***il comporte des dispositions contraires à la Constitution***. Dans ce cas, si la volonté de le ratifier demeure, il faut préalablement réviser la Constitution (par ex. pour les traités de Maastricht en 1992 et de Lisbonne en 2008).

Le Conseil constitutionnel peut être saisi, pour opérer ce contrôle, par le président de la République (cas le plus fréquent), le Premier ministre, le président du Sénat, celui de l'Assemblée nationale ou, depuis la révision du 25 juin 1992, par 60 députés ou 60 sénateurs.

2) Le contrôle préventif de constitutionnalité des lois

Il s'agit du type de contrôle de constitutionnalité des lois mis en place par les constituants en 1958. Aux termes de l'article 61 de la Constitution, ***les lois ordinaires peuvent être soumises au Conseil constitutionnel avant leur promulgation***. Une fois la loi promulguée, il est trop tard (*Cons. const., 7 nov. 1997, n° 97-392 DC*).

Il peut être saisi par le président de la République, le Premier ministre, chacun des présidents des assemblées ou, depuis la révision constitutionnelle du 29 octobre 1974, par 60 députés ou 60 sénateurs. Cette révision constitue bien le « *gramme de démocratie* » évoqué par Maurice Duverger car elle permet à l'opposition de saisir le Conseil constitutionnel, ce qu'elle ne manque pas de faire.

Les « portes étroites »

Cette expression due à G. Vedel désigne les contributions extérieures (des mémoires) que peut recevoir le Conseil constitutionnel de la part de particuliers, d'associations, d'entreprises et autres, alors qu'il a à se prononcer sur la constitutionnalité d'une loi. Pour gagner en transparence et écarter le soupçon de l'influence du lobbying, le Conseil constitutionnel a décidé, par un communiqué du 24 mai 2019, de publier l'intégralité des portes étroites ainsi reçues. On s'aperçoit ainsi que des parlementaires, pourtant suffisamment nombreux pour saisir le Conseil, se contentent de lui adresser une contribution alors qu'il a été saisi par une autre autorité (*Cons. const., 25 juill. 2019, n° 2019-787 DC*) voire utilisent ce moyen pour faire entendre leurs arguments contre une loi organique dont le Conseil a été saisi par le Premier ministre (*Cons. const., 26 mars 2020, n° 2020-799 DC*).

Ce contrôle de constitutionnalité n'est donc pas systématique. Il ne l'est que pour les lois organiques, les règlements des assemblées ou les propositions de loi dans le cadre de la procédure de l'article 11 de la Constitution (là aussi dans le cadre d'un contrôle préventif).

La décision rendue, qui porte le code « DC », comme pour les traités, a un effet considérable puisqu'une disposition déclarée contraire à la Constitution ne peut être promulguée. La portée du contrôle est donc ***erga omnes***. Cependant, son étendue est limitée aux seules lois ordinaires adoptées par le Parlement, le Conseil constitutionnel ayant rejeté sa compétence s'agissant des lois adoptées par référendum (*Cons. const., 6 nov. 1962, n° 62-20 DC*) et des lois de révision (*Cons. const., 26 mars 2003, n° 2003-469 DC*). Il a aussi considéré qu'il ne pouvait apprécier la constitutionnalité d'une loi de transposition d'une directive européenne que dans la mesure où celle-ci va à l'encontre « d'une règle ou d'un principe inhérent à l'identité constitutionnelle de la France » (*Cons. const., 27 juill. 2006, n° 2006-540 DC*).

3) La question prioritaire de constitutionnalité

Ouvrir le contrôle de constitutionnalité aux lois déjà promulguées en permettant aux justiciables d'être à l'origine de ce contrôle est une idée ayant eu du mal à s'imposer en France alors qu'il s'agit d'un type de contrôle très développé dans les démocraties occidentales.

Suggérée par Robert Badinter en mars 1989 puis reprise par les comités Vedel (1993) puis Balladur (2007), cette réforme a été introduite par la révision du 23 juillet 2008 (Const., art. 61-1) complétée par la loi organique du 10 décembre 2009 sous le nom de « ***question prioritaire de constitutionnalité*** » (QPC). Celle-ci est « *prioritaire* » car lorsque sont à la fois soulevés devant le juge l'argument de l'inconstitutionnalité d'une disposition législative et celui de son inconventionnalité, le juge doit statuer sur la transmission de la QPC (v. *infra*) et attendre, le cas échéant, la décision du Conseil constitutionnel avant de statuer sur l'inconventionnalité. Cette priorité aboutit même à ce que, si la disposition est jugée conforme à la Constitution, elle bénéficie d'une présomption de conventionnalité.

- **LE DÉCLENCHEMENT DE LA PROCÉDURE**

À l'occasion d'une action en justice (sauf devant la Cour d'assises), ***un justiciable peut soulever l'inconstitutionnalité d'une disposition législative qui porte atteinte aux droits et libertés que la Constitution garantit***. Il soulève ce grief par un mémoire distinct et motivé.

- **LES FILTRES**

Le juge saisi doit alors se prononcer sans délai sur la QPC. Il examine 1°) si la disposition législative contestée est bien applicable au litige ou constitue le fondement des poursuites, 2°) si elle n'a pas déjà été déclarée conforme à la Constitution dans les motifs et le dispositif d'une décision du Conseil constitutionnel, sauf changement des circonstances et 3°) si la question n'est pas dépourvue de caractère sérieux.

Si elle estime ces conditions réunies, la juridiction transmet la QPC à la juridiction suprême dont elle relève. ***C'est le 1er filtre***.

Le Conseil d'État ou la Cour de cassation ont alors 3 mois pour décider de saisir ou non le Conseil constitutionnel de cette QPC. Ils examinent si les conditions 1°) et 2°) sus-évoquées sont bien remplies et si 3°) la question est nouvelle ou présente un caractère sérieux. ***C'est le 2nd filtre***. Si ces hautes juridictions n'ont pas statué dans les 3 mois, le Conseil constitutionnel est automatiquement saisi.

- **LA DÉCISION QPC**

Une fois saisi, le Conseil constitutionnel, à l'occasion d'un véritable procès constitutionnel où les parties font entendre leurs arguments lors d'un débat contradictoire, statue dans un délai de 3 mois. Sa décision, qui porte le code « QPC », a un effet *erga omnes* dans la mesure où, s'il juge la disposition législative inconstitutionnelle, celle-ci est ***abrogée***.

Il peut toutefois décider de reporter les effets de l'abrogation à une date ultérieure. Cette possibilité est plus fréquemment exploitée par le Conseil constitutionnel dans le cadre de la QPC qu'elle ne l'est dans le cadre du contrôle préventif dans la mesure où la décision du Conseil constitutionnel crée un vide juridique dans un cas et pas dans l'autre.

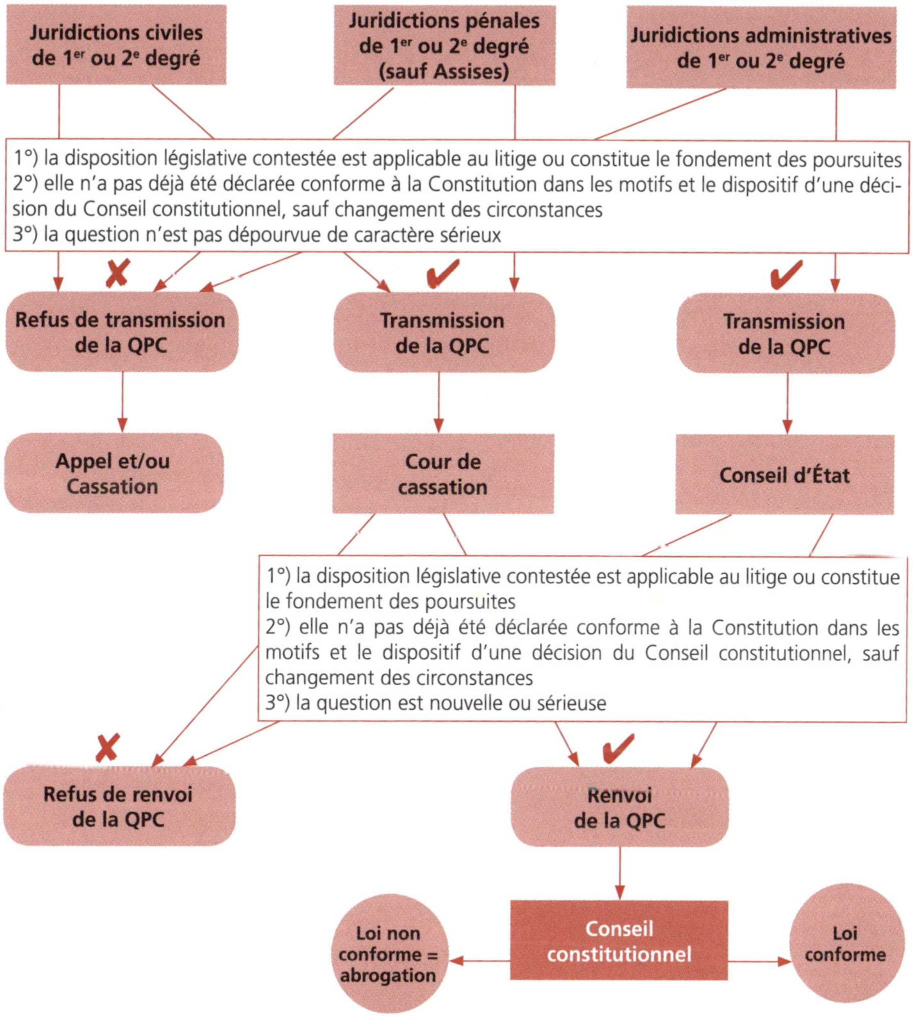
Juridictions civiles de 1er ou 2e degré
Juridictions pénales de 1er ou 2e degré (sauf Assises)
Juridictions administratives de 1er ou 2e degré
1°) la disposition législative contestée est applicable au litige ou constitue le fondement des poursuites
2°) elle n'a pas déjà été déclarée conforme à la Constitution dans les motifs et le dispositif d'une décision du Conseil constitutionnel, sauf changement des circonstances
3°) la question n'est pas dépourvue de caractère sérieux
✘
✔
✔
Refus de transmission de la QPC
Transmission de la QPC
Transmission de la QPC
Appel et/ou Cassation
Cour de cassation
Conseil d'État
1°) la disposition législative contestée est applicable au litige ou constitue le fondement des poursuites
2°) elle n'a pas déjà été déclarée conforme à la Constitution dans les motifs et le dispositif d'une décision du Conseil constitutionnel, sauf changement des circonstances
3°) la question est nouvelle ou sérieuse
✘
✔
Refus de renvoi de la QPC
Renvoi de la QPC
Loi non conforme = abrogation
Conseil constitutionnel
Loi conforme

● Une procédure réussie

Le succès de la QPC est absolument considérable. ***La QPC a*** ainsi ***permis d'évacuer, de notre droit, quantité de dispositions législatives portant atteinte aux droits et libertés*** (cristallisation des pensions, garde à vue...) renouvelant ainsi notre État de droit. En à peine plus de 10 ans d'existence, le Conseil a rendu plus de décisions QPC que de décisions DC en plus de 60 ans

Enfin, ***la QPC a fait naître un dialogue entre les juges autour des questions de constitutionnalité*** : Conseil constitutionnel, Conseil d'État, Cour de cassation, mais également CJUE (le Conseil constitutionnel a, ainsi, pour la 1re fois, saisi la CJUE d'une question préjudicielle dans sa décision (*n° 2013-314 QPC, 4 avril 2013*) et CEDH (le Protocole 16 additionnel à la Conv. EDH renforce encore le dialogue avec la CEDH).

Les contrôles de constitutionnalité des lois ordinaires

	Contrôle préventif	**QPC**
Organe chargé du contrôle	Conseil constitutionnel = contrôle « concentré »	Conseil constitutionnel = contrôle « concentré »
Moment du contrôle	*A priori* : avant la promulgation de la loi	*A posteriori*
Saisine	Par le président de la République, le Premier ministre, le président du Sénat, le président de l'Assemblée nationale ou 60 députés ou 60 sénateurs	Par le Conseil d'État ou la Cour de cassation à la demande d'un justiciable
Argument	Atteinte aux droits et libertés garantis par la Constitution Procédure d'adoption contraire à la Constitution	Atteinte aux droits et libertés garantis par la Constitution
Nature du contrôle	Contrôle abstrait	Contrôle abstrait car le Conseil constitutionnel ne se préoccupe pas du fond du litige
Effets du contrôle	La disposition législative ***ne peut être promulguée*** : effet « *erga omnes* »	La disposition législative est ***abrogée*** : effet « *erga omnes* »

Pour aller plus loin

Le Conseil constitutionnel demeure, dans le cadre de la QPC, le seul organe apte à déclarer une disposition législative contraire à la Constitution. Le contrôle de constitutionnalité demeure donc « ***concentré*** ». Néanmoins, lorsque les juridictions du fond ou de cassation estiment qu'il n'y a pas lieu de transmettre ou de renvoyer une QPC car la question de constitutionnalité n'est pas « sérieuse », elles réalisent finalement une forme de contrôle de la validité de la disposition législative au regard de la Constitution pour considérer que la loi n'est pas contraire aux droits et libertés garantis par la Constitution. Ce faisant, on assiste là à une forme de « ***diffusion*** » du contrôle de constitutionnalité.

■ *Les autres attributions du Conseil constitutionnel*

Si le contrôle de constitutionnalité des lois et des traités est la fonction majeure du Conseil constitutionnel, il est également juge de la régularité d'un certain nombre de scrutins et exerce des missions consultatives et déclaratoires ponctuelles.

a) Juge électoral et référendaire

Aux termes des articles 58, 59 et 60 de la Constitution, le Conseil constitutionnel est ***juge de la régularité des élections présidentielles, parlementaires et des référendums*** des articles 11, 89 et 88-5 de la Constitution. S'agissant de la présidentielle et des référendums, le Conseil est également compétent pour proclamer les résultats de ces scrutins.

Dans ces conditions, il peut ***annuler*** des élections en cas d'irrégularités et peut même ***réformer*** les résultats, ce qui a abouti une fois à la proclamation en tant qu'élu d'un autre candidat que celui initialement proclamé par la préfecture (*Cons. const., 12 févr. 2015, n° 2014-4902 SEN*).

La compétence du Conseil constitutionnel en la matière est une formidable avancée de l'État de droit. Avant 1958, les assemblées étaient elles-mêmes juges de la régularité de l'élection de leurs membres (« *vérification des pouvoirs* ») ce qui aboutissait à des décisions scandaleuses : invalidation de 150 élections défavorables à la majorité au sein du Conseil des 500, le 19 floréal an VII, ou de onze députés poujadistes de 1956, remplacés d'office par leurs adversaires !

Progressivement, le Conseil constitutionnel a étendu sa compétence à l'appréciation de la légalité des actes administratifs préparatoires à ces scrutins (*Cons. const., 11 juin 1981, n° 81-1 ELEC*; *Cons. const., 25 juill. 2000, n° 2000-21 REF*).

b) Missions consultatives et déclaratoires

Le Conseil constitutionnel refuse de donner des conseils aux pouvoirs publics lorsque cette compétence ne lui est pas expressément reconnue par la Constitution. Mais il est de rares cas dans lesquels cette dernière lui attribue une compétence d'avis :

- dans le cadre de ***l'article 16 de la Constitution***, il doit être consulté à la fois sur la décision de mise en œuvre des pouvoirs exceptionnels (avis publié au *JO*) et sur chacune des décisions prises dans ce cadre par le président de la République. Depuis 2008, il est aussi consulté sur le maintien en vigueur des pouvoirs exceptionnels ;
- il donne également des avis sur les ***projets de textes en matière électorale et sur le déroulement des élections***. Dans ce cadre électoral, il dispose également d'une compétence déclaratoire lorsqu'il arrête la liste des candidats à l'élection présidentielle, qu'il décide de reporter l'élection présidentielle en raison du décès d'un candidat ou constate la démission d'office d'un parlementaire ;
- il constate l'empêchement définitif du Président ***(Const., art. 7)*** ;
- il fait état d'une violation de la répartition des compétences entre la loi et le règlement ***(Const., art. 37, al. 2, et 41)*** ;
- il tranche le différend opposant le gouvernement et la Conférence des présidents d'une assemblée quant à la recevabilité d'un projet de loi ***(Const., art. 39)***.

Chapitre 8

Les juridictions ordinaires

La justice constitue un contre-pouvoir grandissant faisant naître de nouveaux équilibres. Les relations qu'elle entretient avec le Pouvoir sont d'ailleurs fréquemment l'objet de tensions, voire d'accusations. Influence des juges sur la politique et les institutions (« PenelopeGate », « mur des cons », etc.) et, réciproquement, influence des institutions politiques sur les juges (mansuétude du juge administratif durant la pandémie de Covid-19, soupçons de trafic d'influence...) sont l'objet de débats récurrents et de mythes ayant la vie dure. Les caractéristiques du système juridictionnel français expliquent largement les interactions entre la justice et le pouvoir politique et la mythologie qui les accompagne.

1 Les caractéristiques des juridictions françaises

Ces caractéristiques se sont forgées dans l'histoire de France. Celles-ci ont pu influencer ce que d'aucuns dénoncent comme une tardive émancipation de la justice à l'égard du monde politique et institutionnel.

■ *L'absence de reconnaissance d'un pouvoir judiciaire*

La loi constitutionnelle du 3 juin 1958 énonçait bien que le constituant devait organiser une séparation des pouvoirs exécutif et législatif. En revanche, elle posait que « L'**autorité judiciaire** doit demeurer indépendante pour être à même d'assurer le respect des libertés essentielles telles qu'elles sont définies par le préambule de la Constitution de 1946 et par la Déclaration des droits de l'Homme à laquelle il se réfère ».

Ainsi, la Constitution de 1958 n'institue-t-elle pas un « *pouvoir judiciaire* » mais simplement une « *autorité judiciaire* » en son Titre VIII.

■ *La séparation des juridictions judiciaires et administratives*

À la Révolution, l'article 13 de la loi des 16 et 24 août 1790 a posé la règle de la séparation des autorités administratives et judiciaires. Ceci a abouti à la création d'un ordre de juridiction spécifique pour juger des actes et activités de l'administration : l'ordre juridictionnel administratif distinct de l'ordre judiciaire.

Au sens strict, le Titre VIII de la Constitution (« *De l'autorité judiciaire* ») garantit donc l'existence de l'ordre judiciaire. Une compétence minimale lui est même attribuée par l'article 66 de la Constitution : « L'autorité judiciaire, gardienne de la liberté individuelle, assure le respect de ce principe dans les conditions prévues par la loi ».

Si une telle garantie constitutionnelle écrite n'existe pas concernant l'ordre administratif, le Conseil constitutionnel a découvert, dans la loi des 16 et 24 août 1790 un principe fondamental reconnu par les lois de la République aux termes duquel « à l'exception des matières réservées par nature à l'autorité judiciaire, relève en dernier ressort de la compétence de la juridiction administrative l'annulation ou la réformation des décisions prises, dans l'exercice des prérogatives de puissance publique » par les autorités exécutives et administratives (*Cons. const., 23 janv. 1987, n° 87-224 DC*). Ainsi, l'ordre juridictionnel administratif bénéficie-t-il, lui aussi, d'une existence constitutionnellement garantie.

■ *L'indépendance des juges*

a) L'indépendance des magistrats judiciaires

Celle-ci est directement reconnue par l'article 64 de la Constitution qui érige le président de la République en garant de cette indépendance.

Afin de protéger cette indépendance, la carrière des magistrats est gérée par le Conseil supérieur de la magistrature (CSM). Née en 1883, cette institution, composée de magistrats et personnalités qualifiées (Const., art. 65), dispose de deux formations distinctes ; l'une est compétente pour les magistrats du siège, l'autre pour ceux du parquet. Outre la gestion de carrière, le CSM est l'autorité disciplinaire dont relèvent les magistrats.

Toutefois, dans le système constitutionnel et juridictionnel français, l'indépendance du parquet est bien plus faible que celle du siège. Outre que le CSM ne formule qu'un avis sur les sanctions disciplinaires concernant les magistrats du parquet, ces derniers sont placés sous l'autorité du ministre de la Justice car le parquet est considéré comme l'instrument de la politique pénale du gouvernement. De plus, contrairement aux magistrats du siège, ils ne disposent pas de l'inamovibilité.

Pour aller plus loin

Plusieurs projets et propositions de loi constitutionnelle ont essayé d'accroître cette indépendance en réformant le CSM. Un texte a été voté en termes identiques par les deux assemblées le 26 avril 2016, mais il n'a été soumis ni à l'approbation du peuple ni à celle du Congrès. E. Macron a proposé, au printemps 2018 et à l'été 2019, la reprise de deux éléments qu'il contenait : la nomination des magistrats du parquet après un « avis conforme » du CSM et le fait que le CSM statue comme conseil de discipline des magistrats du parquet.

b) L'indépendance des juges administratifs

Les juges administratifs n'ont longtemps pas eu le statut de « magistrats ». Cependant, ils bénéficiaient de garanties équivalentes en termes d'indépendance et d'inamovibilité que les magistrats judiciaires.

Le Conseil constitutionnel a, en effet, découvert dans la loi du 24 mai 1872 un principe fondamental reconnu par les lois de la République d'indépendance de la juridiction administrative.

Depuis une loi du 12 mars 2012, les membres des tribunaux administratifs et des cours administratives d'appel disposent du statut de magistrats (CJA, art. L. 231-1). Leur carrière est administrée par le Conseil supérieur des tribunaux administratifs et des cours administratives d'appel. Les membres du Conseil d'État ne disposent pas de ce statut mais leur carrière est essentiellement gérée par le Conseil d'État lui-même tout comme la discipline qui les régit.

2 Les interactions entre le pouvoir politique et la Justice

L'absence de véritable « *pouvoir judiciaire* » a sans doute eu pour conséquence des influences du pouvoir politique sur la Justice, parfois même de véritables intrusions. En sens inverse, l'action de l'autorité judiciaire n'est pas sans conséquence sur le monde politique et les institutions.

■ *L'influence du pouvoir politique sur la Justice*

La révision constitutionnelle du 23 juillet 2008 a mis fin à l'influence la plus notable du pouvoir politique sur la Justice qui consistait en la présidence du Conseil supérieur de la magistrature par le président de la République. Mais d'autres influences demeurent.

a) Le droit de grâce

Héritage bonapartiste, ***le droit de grâce permet au président de la République***, par un décret contresigné par le Premier ministre et le ministre de la Justice, ***de dispenser un condamné de l'exécution de sa peine*** (Const., art. 17).

Depuis la révision du 23 juillet 2008, ce droit de grâce ne peut plus être exercé qu'à titre individuel, alors qu'il était fréquemment usité de manière collective comme outil de la politique carcérale du gouvernement.

b) Les lois d'amnistie

L'amnistie emporte des effets plus grands que ceux de la grâce ; en effet, elle ***fait disparaître la condamnation ainsi que la peine***.

Véritable remise en cause d'une décision de justice au nom d'un « *droit à l'oubli* », l'amnistie ne peut être décidée que par une loi (Const., art. 34). Le plus souvent, le législateur amnistie des *infra*ctions relativement mineures. La dernière loi d'amnistie date de 2002.

Sans qu'il s'agisse à proprement parler de lois d'amnistie, le législateur peut fixer les règles concernant la détermination des crimes et délits et des peines qui leur sont applicables (Const., art. 34). Ainsi, il peut à tout moment restreindre le champ d'une infraction pénale pour éviter que des condamnations puissent être prononcées. C'est ainsi qu'il a limité la portée de l'article 121-3 du Code pénal afin que la responsabilité pénale des maires soit plus difficilement engagée à l'occasion de la pandémie de Covid-19 (L. n° 2020-546, 11 mai 2020).

c) Les validations législatives

Une validation législative permet au législateur d'anticiper un éventuel contrôle juridictionnel et de le neutraliser en effaçant, de façon rétroactive, l'irrégularité administrative commise.

Ainsi, si une irrégularité a été commise lors de la passation d'un concours administratif, il peut être jugé souhaitable, plusieurs années plus tard et avant que le juge n'annule les résultats du concours, de valider législativement ces résultats afin d'éviter que l'annulation des résultats d'un concours n'aboutisse à la remise en cause des situations professionnelles nées de leur proclamation.

Ces validations législatives constituant de véritables freins à l'action du juge et au droit de toute personne à voir sa cause entendue, elles sont enfermées dans de très strictes conditions : 1°) la validation ne doit pas porter atteinte à une décision de justice ayant force de chose jugée, 2°) elle doit poursuivre un but d'intérêt général suffisant, 3°) ne méconnaître aucune règle ou principe de valeur constitutionnelle et 4°) être strictement définie (*Cons. const., 23 sept. 2011, n° 2011-166 QPC*).

d) Les nominations de magistrats et les nominations au CSM

Le président de la République dispose du pouvoir de nommer les magistrats. Les plus hauts magistrats judiciaires (présidents de juridictions, membres de la Cour de cassation...), sont nommés sur proposition du CSM ; les autres sont nommés soit sous avis conforme (magistrats du siège), soit après un simple avis (magistrats du parquet) du CSM mais sans proposition de sa part. Différents projets de loi constitutionnelle ont proposé que les magistrats du parquet soient, eux aussi, nommés après avis conforme du CSM.

En outre, le président de la République et les présidents des assemblées nomment chacun au CSM deux personnalités qualifiées, n'appartenant ni au Parlement ni à l'un des deux ordres juridictionnels, en suivant la procédure prévue à l'article 13 al. 5 de la Constitution. Pour la première fois le 14 janvier 2015, la commission des Lois de l'Assemblée nationale a mis un veto à la majorité des 3/5e des suffrages exprimés à une nomination envisagée par le président de l'Assemblée.

Pour aller plus loin

D'autres influences, moins formalisées par des procédures juridiques, peuvent également être très actives, qu'il s'agisse de « propos » tenus par des hommes et femmes politiques sur des affaires judiciaires, de prises à partie de l'opinion, voire de pressions exercées. Mais, en retour, les magistrats peuvent aussi exercer une influence informelle sur le pouvoir politique comme lorsque la première présidente et le procureur général près la Cour de cassation se sont inquiétés de la nomination d'une avocate à la tête de l'école nationale de la magistrature (septembre 2020), manifestant par là une résistance de l'autorité judiciaire à une décision du ministre de la Justice.

■ *L'influence de la Justice sur le pouvoir politique*

a) Le rôle constitutionnel du Conseil d'État

Le Conseil d'État remplit à la fois une mission de conseil juridique au gouvernement et aux assemblées parlementaires (activité menée par les sections administratives) et une mission de juge administratif (activité exercée par la section du contentieux).

La mission de conseil est essentielle dans la mesure où le Conseil d'État doit obligatoirement être entendu sur tout projet de loi avant que celui-ci ne soit délibéré en conseil des ministres, sur les ordonnances (Const., art. 38 et 74-1) et sur les projets de décret en Conseil d'État. Il n'est pas à proprement parler dans ce rôle un organe juridictionnel. François Hollande a décidé de rendre publics ces avis du Conseil d'État. Ils n'étaient jusque-là connus que du gouvernement.

La section du contentieux, en revanche, remplit la mission juridictionnelle du Conseil d'État. Elle juge la légalité des actes de l'Exécutif et permet l'engagement de la responsabilité de l'État. La jurisprudence du Conseil d'État a ainsi pu permettre de mieux contrôler l'action de ce pouvoir. Ainsi, le Conseil d'État a-t-il, par exemple, jugé que la responsabilité de l'État pouvait être engagée du fait de l'application d'une loi finalement jugée contraire à la Constitution (*CE, ass., 24 déc. 2019, n° 425.981, 425.983 et 428.162*).

b) La mise en jeu de la responsabilité des hommes politiques

Les titulaires de mandats électifs ou de fonctions gouvernementales échappent pour partie à la justice ordinaire, mais ils n'échappent pas pour autant à la justice.

Le président de la République peut, un mois après l'expiration de son mandat, faire l'objet de poursuites civiles et pénales (v. Chapitre 4).

Dans le cadre de leurs fonctions, les membres du gouvernement peuvent être jugés par la Cour de Justice de la République (v. Chapitre 5). Pour leurs agissements détachables de leurs fonctions, ils ne sont pas protégés par ce privilège de juridiction et relèvent de la justice ordinaire.

Quant aux parlementaires, ils ne sont protégés par l'inviolabilité que pour autant que le bureau de l'assemblée à laquelle ils appartiennent n'ait pas levé leur immunité, les soumettant ainsi à la justice ordinaire (v. Chapitre 6).

La Justice exerce ainsi un contrôle redoutable et redouté sur l'action des hommes politiques et les « *affaires* » les impliquant font toujours les choux gras de la presse comme en témoignent par exemple les « *écoutes de Nicolas Sarkozy* », le « *PenelopeGate* », ou « *l'affaire Ferrand* ».

Chapitre 9

Les contre-pouvoirs non juridictionnels

La Constitution de 1958 met en place deux institutions qui assurent la prise en compte d'intérêts différents dans le cadre des décisions politiques. En cela, elles constituent de véritables contre-pouvoirs au Pouvoir politique. Il s'agit du Défenseur des droits et du Conseil économique, social et environnemental.

1 Le Défenseur des droits

Né de la révision du 23 juillet 2008, le Défenseur des droits est inspiré de l'*Ombusdman* des régimes scandinaves et du *Défenseur du peuple* espagnol. Il dispose de compétences variées qui font de lui un outil important de protection des droits fondamentaux des citoyens et d'un statut garantissant son indépendance.

■ *Les compétences du Défenseur des droits*

Aux termes de l'article 71-1 de la Constitution, « Le Défenseur des droits veille au respect des droits et libertés par les administrations de l'État, les collectivités territoriales, les établissements publics, ainsi que par tout organisme investi d'une mission de service public, ou à l'égard duquel la loi organique lui attribue des compétences ».

a) Un vaste champ de compétence

La loi organique du 29 mars 2011 modifiée lui attribue plus précisément ce rôle dans 5 domaines, qui, auparavant, relevaient de la compétence de 4 autorités administratives indépendantes distinctes. Il est chargé :

– de ***défendre les droits et libertés des administrés dans le cadre des relations avec les administrations*** de l'État, des collectivités territoriales, des établissements publics et des organismes investis d'une mission de service public (mission anciennement dévolue au Médiateur de la République) ;

– de ***défendre et de promouvoir l'intérêt supérieur et les droits de l'enfant*** (auparavant mission du Défenseur des enfants) ;
– de ***lutter contre les discriminations et de promouvoir l'égalité*** (rôle précédemment joué par la H.A.L.D.E.) ;
– de ***veiller au respect de la déontologie par les personnes exerçant des activités de sécurité sur le territoire de la République*** (ancien rôle de la C.N.D.S.) ;
– d'***orienter les lanceurs d'alertes vers les autorités compétentes et de veiller à leurs droits et libertés*** (L. org. n° 2016-1960, 9 déc. 2016).

Ce champ de compétence aurait pu être plus étendu encore si les prescriptions du Comité Balladur (2007) avaient été suivies puisque ce Comité suggérait que le Défenseur des droits exerce les missions de deux autres autorités administratives indépendantes : la C.N.I.L. et le Contrôleur général des lieux de privation de liberté.

b) Les modalités d'exercice de ces compétences

Le Défenseur des droits peut être saisi par toute personne physique (y compris un enfant) ou morale qui s'estime lésée dans ses droits et libertés ou qui est témoin de manquements aux règles de déontologie dans le domaine de la sécurité. Il peut aussi se saisir d'office de toute question relevant de sa compétence.

Il dispose alors de vastes pouvoirs d'instruction : audition, mise en demeure, enquête sur pièces et sur place lui permettant ensuite de proposer une transaction ou une médiation, de saisir un service ou le parquet d'une juridiction ou d'agir par voie de recommandations (lesquelles ne sont pas susceptibles de recours devant les juridictions administratives : *CE, 22 mai 2019, n° 414410*).

Ces dernières sont généralement suivies d'effet assez rapidement car le Défenseur des droits adresse chaque année un rapport d'activité au président de la République et au Parlement, lequel fait ensuite l'objet d'une publication. Il a, en outre, développé une stratégie de communication très efficace. Ses pouvoirs, sans être coercitifs sont donc particulièrement dissuasifs.

■ *L'indépendance du Défenseur des droits*

Contrairement aux autorités qu'il remplace, le Défenseur des droits dispose d'un statut constitutionnel. La loi organique du 29 mars 2011 le qualifiait même d'« ***autorité constitutionnelle indépendante*** », ce qui avait fait dire au Conseil constitutionnel qu'il s'agit d'une autorité administrative indépendante dont l'indépendance trouve son fondement dans la Constitution. Toutefois, la loi organique du 20 janvier 2017 lui a retiré cette qualification ; il est désormais une « simple » « autorité administrative indépendante ».

Les autorités administratives indépendantes

Il s'agit d'organismes nationaux publics, mais qui ne sont pas subordonnés au gouvernement et pouvant orienter leur action en pleine autonomie. Elles interviennent essentiellement dans le domaine de la protection des droits et libertés au profit des individus mais aussi des acteurs économiques. Leur indépendance est appréciée dans ces domaines comme permettant une action neutre politiquement. La loi du 20 janvier 2017 (n° 2017-54) les distingue en les qualifiant soit d'autorités *administratives* indépendantes si elles ne disposent pas de la personnalité morale, soit d'autorités *publiques* indépendantes si elles sont dotées de la personnalité morale.

Développées dans le courant des années 1970 en France (création de la Commission nationale de l'informatique et des libertés ou de la Commission d'accès aux documents administratifs), elles se sont développées de manière exponentielle et désordonnée, si bien qu'en 2017, le législateur est intervenu pour en dresser la liste et en fixer le statut général. Elles sont désormais au nombre de 26 (8 API et 18 AAI), parmi lesquelles : l'Agence française de lutte contre le dopage, l'Autorité des marchés financiers, la Commission nationale des comptes de campagne et des financements politiques, l'Autorité de sûreté nucléaire...

Pour assurer cette indépendance, son mandat de 6 ans est non renouvelable. Même s'il est nommé par le président de la République après audition par les commissions des Lois des assemblées (qui peuvent mettre un veto à la majorité des 3/5e des suffrages exprimés), il ne peut être mis fin à son mandat de manière anticipée qu'à sa demande ou en cas d'empêchement. Claire Hédon a ainsi été nommée en juillet 2020 par Emmanuel Macron. À l'image des parlementaires, le Défenseur des droits bénéficie d'une inviolabilité pour les propos ou agissements commis dans l'exercice de ses fonctions.

Cette fonction est incompatible avec celle de membre du gouvernement ou d'une assemblée parlementaire, du Conseil constitutionnel, du Conseil économique, social et environnemental, avec tout mandat électif et même avec toute fonction publique et toute fonction de dirigeant d'une entreprise privée (L. org. n° 2011-333, 29 mars 2011, art. 3).

En outre, cette indépendance lui permet d'avoir pleine et entière autorité sur ses services et sur ses adjoints, même si ces derniers sont nommés par le Premier ministre à la demande du Défenseur des droits.

2 Le Conseil économique, social et environnemental (CESE)

Le Conseil économique et social mis en place en 1958 a changé de nom pour tenir compte des préoccupations environnementales depuis la révision du 23 juillet 2008 et a été profondément réformé par la loi organique du 15 janvier 2021.

■ *La composition du CESE*

Il est composé de 175 membres qui assurent la représentation des forces économiques, sociales et environnementales de la Nation : représentants des salariés, des entrepreneurs, des artisans, des professions libérales, des associations...

Ces membres sont divisés en 4 catégories dont le détail est précisé par le décret du 24 mars 2021 :

- 52 représentants des salariés ;
- 52 représentants des entreprises, exploitants agricoles, artisans, professions libérales, mutuelles, coopératives et chambres consulaires ;
- 45 représentants au titre de la cohésion sociale et territoriale et de la vie associative ;
- 26 représentants au titre de la protection de la nature et de l'environnement.

Ils sont désignés pour une durée de 5 ans. Leur mandat est incompatible avec celui de parlementaire ou de membre du Conseil constitutionnel. Son président est actuellement Thierry Beaudet.

■ *Le rôle du CESE*

Le CESE assure la représentation des forces professionnelles. Son rôle est essentiel dans le dialogue social qu'il permet d'entretenir entre différentes catégories professionnelles. Il rend un rapport annuel sur l'état de la France. Investi d'une fonction purement consultative, le CESE peut être amené à rendre des avis sur divers textes (législatifs ou décrétaux) avant leur édiction. Il est par ailleurs obligatoirement saisi des projets de loi de plan et des projets de loi de programmation à caractère économique, social ou environnemental.

Il peut être saisi d'une question relevant de ses attributions soit par le Premier ministre, soit par les présidents de chacune des assemblées, soit par une pétition signée par plus de 150 000 citoyens (pétition par voie électronique ouverte aux personnes âgées de 16 ans et plus) ; il peut aussi décider de s'autosaisir.

Dans le cadre de ses attributions, il peut faire participer des citoyens tirés au sort aux travaux de ses commissions (mais dans un nombre limité selon la réserve posée par le Conseil constitutionnel le 14 janvier 2021). Il peut en outre organiser des consultations publiques sur des sujets économiques, sociaux ou environnementaux, y compris avec des citoyens tirés au sort (loi organique du 15 janvier 2021).

À l'issue du « Grand débat national » qui faisait suite au mouvement des gilets jaunes, le CESE a d'ailleurs été chargé d'organiser la « ***Convention citoyenne pour le climat*** » qui réunit 150 citoyens tirés au sort de manière à être représentatifs de la population. Leur mission a été de réfléchir au moyen de parvenir à l'objectif de réduction de 40 % des émissions de gaz à effet de serre d'ici à 2030. Le sérieux avec lequel ces citoyens ont travaillé a permis d'imaginer une forme renouvelée de l'expression démocratique. Les conclusions de la Convention citoyenne pour le climat ont donné lieu, après médiation et parfois profondes modifications, à des textes réglementaires et législatifs. Mais certaines propositions nécessitent une révision de la Constitution (modification de l'article 1er pour y inscrire la lutte contre le dérèglement climatique) ce qui oblige, à tout le moins, à un vote en termes identiques dans les deux assemblées avant de soumettre le projet au référendum de l'article 89 de la Constitution.

BIBLIOGRAPHIE

Ouvrages

- Ardant (Ph.) et Mathieu (B.), *Droit constitutionnels et Institutions politiques*, 33e éd., 2021, LGDJ-Lextenso, coll. Manuel.
- Carcassonne (G.) et Guillaume (M.), *La Constitution*, 15e éd., 2019, Le Seuil, coll. Points.
- Chagnollaud (D.) et Baudu (A.), *Droit constitutionnel contemporain, T. 2 : Le régime politique de la France*, 9e éd., 2019, Dalloz, coll. Cours.
- Chevalier (J.-J.), Carcassonne (G.), Duhamel (O.) et Benetti (J.), *Histoire de la Ve République 1958-2017*, 16e éd., 2017, Dalloz.
- Cohendet (M.-A.), *Droit constitutionnel*, 5e éd., 2021, LGDJ-Lextenso, coll. Cours.
- Favoreu (L.) et *alii*, Droit constitutionnel, 24e éd., 2021, Dalloz, coll. Précis Droit Public.
- Gicquel (J.) et Gicquel (J.-E.), *Droit constitutionnel et institutions politiques*, 35e éd., 2021, LGDJ-Lextenso, coll. Précis Domat.
- Hamon (F.) et Troper (M.), *Droit constitutionnel*, 42e éd., 2021, LGDJ-Lextenso, coll. Manuel.
- Haquet (A.), *Droit constitutionnel en 11 thèmes*, 3e éd., 2021, Dalloz, coll. Séquences.
- Melin-Soucramanien (F.) et Pactet (P.), *Droit constitutionnel*, 40e éd., 2021, Sirey, coll. Université.
- Portelli (H.) et Ehrhard (T.), *Droit constitutionnel*, 14e éd., 2021, Dalloz, coll. Hypercours.
- Toulemonde (G.), *Le droit constitutionnel de la Ve République*, 14e éd., 2020, L'Harmattan, coll. Logiques juridiques.
- Türk (P.), *Mémentos – Les institutions de la Ve République*, 14e éd., 2021, Gualino-Lextenso.

Codes

– Lascombe (M.), *Code constitutionnel et des droits fondamentaux*, 11e éd., 2022, Dalloz.

– Renoux (T.), De Villiers (M.) et Magnon (X.), *Code constitutionnel 2021*, 2020, LexisNexis.

Sites Internet et réseaux sociaux

– Assemblée nationale : *www.assemblee-nationale.fr ; @AssembleeNat*

– Conseil constitutionnel : *www.conseil-constitutionnel.fr ; @Conseil_constit*

– Gouvernement : *www.gouvernement.fr ; @gouvernementFR*

– Legifrance : *www.legifrance.gouv.fr*

– Revue *Pouvoirs* : *www.revue-pouvoirs.fr*

– Présidence de la République : *www.elysee.fr ; @Elysee*

– Sénat : *www.senat.fr ; @Senat*

FSC
www.fsc.org
MIXTE
Papier issu de sources responsables
FSC® C022829

Imprimé en France par La Nouvelle Imprimerie Laballery, 58500 Clamecy

Ce produit est composé de matériaux issus de forêts bien gérées certifiées FSC® et d'autres sources contrôlées.

Imprimeur certifié

IMPRIM'VERT®

Achevé d'imprimer en août 2021
Numéro d'impression : 107654
Dépôt légal : août 2021